「儲かる美容院」開業・経営マニュアル

今日から役立つ
事例満載！

税理士法人 森田経営

石橋欣和
磯貝常太
阿部高士

現代書林

はじめに

「儲かる美容院や理容店」をつくるにはどうすれば良いか？

　本書は、そういった視点で私たちの経営アドバイスの経験やノウハウを、わかりやすくまとめました。便宜上「美容院・理容店」を「美容院」というひとつの表記にまとめていますが、理容店経営においても特に問題無く活用いただけます（理容店の事例も掲載してあります）。

　美容院や理容店に限らず、昔のように開業したら儲かる時代は終わりました。長年の夢であったお店を開業しても、ただ店を開けているだけでは、途端に経営に行き詰まってしまいます。

　その理由は明白で、日本の人口が減少し続けているにも関わらず、美容院の数は約23万施設と年々増加しているためです。これはコンビニの店舗数の約3〜4倍の数字になります。美容院や理容店経営は、たとえるなら魚の少ない池に多くの釣り人が糸を垂らしているのと同じ状況なのです。

　では、「どのようにして、他店との違いを作り出しお客様を惹きつけるか？」

お客様を惹きつける方法の一つに「販促活動（販売促進活動）」があります。この販促活動はお店の魅力を発信できるだけでなく、お客様との長期的な関係性を築くにも有効な手段です。しかし、コストがかかったり、やり方がわからなかったり、地道な作業ができずに、多くの美容院や理容店の方が取り組めていない活動でもあります。

そこで私たちは、この販促活動を積極的にサポートしてきました。

お客様である美容院・理容店の魅力的な点や、他店との違いを発見し発信できるようお手伝いし、さらに税務顧問契約をしているお店については、全て無料で提供してきました。また資金難にあるお店には国や市からいただける補助金をフル活用してお手伝いさせていただきました。その結果、おかげさまで関与させていただいている美容院・理容店は増え、経営ノウハウや知識なども蓄積されてきました。

本書はその経験がベースになっています。業界の競争が激化している中で、一人でも多くの美容師さん理容師さんのお役に立てる一冊になれば幸いです。

さて、本書の構成は「開業前の取り組み」（第1～5章）から「開業後、実際にどのように売上を上げればよいか」（第6～12章）がわかるようになっています。

単に売上を上げる方法を羅列しているのではなく、売上の公式である「売上＝客数×客単価」に合わせて、「客数を上げる取り組み」（第6〜7章）と「客単価を上げる取り組み」（第8〜9章）を大きく分けて記載しており、さらには「既存客を再来店させる取組み」（第6章）か「新規客を集客させる取組み」（第7章）か目次で判断できるようになっています。

また最大の特徴として、私たちがお手伝いさせていただいている美容院や理容店の事例を附録として掲載させていただきました。

本書の活用法としては、これから開業を検討している方であれば、第1章から読み進めていただき、開業までの手続きや開業前の集客方法を知っていただければと思います。

第6章〜第9章は開業後の取組みになり、実際に売上を上げる方法が記載されています。既に開業されている方は、第6章から読み始めていただいても十分に経営に役立てていただけると思います。

また、日々の業務が多忙でゆっくり本に向き合うことができない方は、まず目次を見ていただき「取り組んでみたい項目」や「事例」だけをかい摘んで、必要な情報だけを効率よく使っていただいても良いかと思います。

本書を活用いただく最大のポイントは、読んで少しでも使えると思ったら、「今日からやってみる」ことです。

第11章では「目標を立てて実行する」ことの重要性を記載させていただきましたが、どんなに良い方法や知識を得ても、まず動いてみないことには状況は何も変わりません。成長している美容院や理容店の共通点は「すぐに動く」ことができていて、失敗から学ぶことで次のステップに進めることを知っています。

儲かるお店にするための第一歩は、「まず動く」ことです。

本書が読んでいる方の背中を後押しするような一冊になることを願っています。

最後に、本書を書くにあたってご協力いただいた税理士法人森田経営の顧問先の皆様、社団法人フードアカウティング協会の皆様に、この場を借りて感謝いたします。

2018年10月

税理士法人　森田経営

石橋欣和

磯貝常太

阿部高士

「儲かる美容院」開業・経営マニュアル

CONTENTS

開業後

売上高を上げる方法

客数を上げる方法

売上高を上げる方法

客数を上げる方法

第7章 新規客を集客する方法 135

売上高を上げる方法

客単価を上げる方法

第8章 単価をアップさせる方法 163

売上高を上げる方法

第9章 POSレジを活用する方法 181

第10章 利益を残す方法 189

第1章

お店のコンセプトを設定する

1 開業前のフロー

美容院を開業するにあたり、「一体どのくらいの期間で開業できるのか」「開業まで何をしなければいけないのか」など、わからないことが多々出てくるかと思います。そこで本項では、「開業までのスケジュール」を大まかに説明していきます。本書の前半は、そのスケジュールに沿ってページが構成されていますので、参考にしてみてください。

開業までの主なスケジュールは次ページの図の通りです。

>>>> 出店予定地域をいくつかリストアップ

まずは、想定している出店予定地域をいくつかリストアップします。「安い物件が空いているから決定する」というように、安易に店舗を決めると、あとあと苦労することになります。リスクを軽減するためにもいくつか地域をリストアップするといいでしょう。

>>>> 市場調査・競合店調査

リストアップした地域の市場調査・競合店調査をします。例えば、「世帯数」「ターゲッ

美容院の開業までの流れ

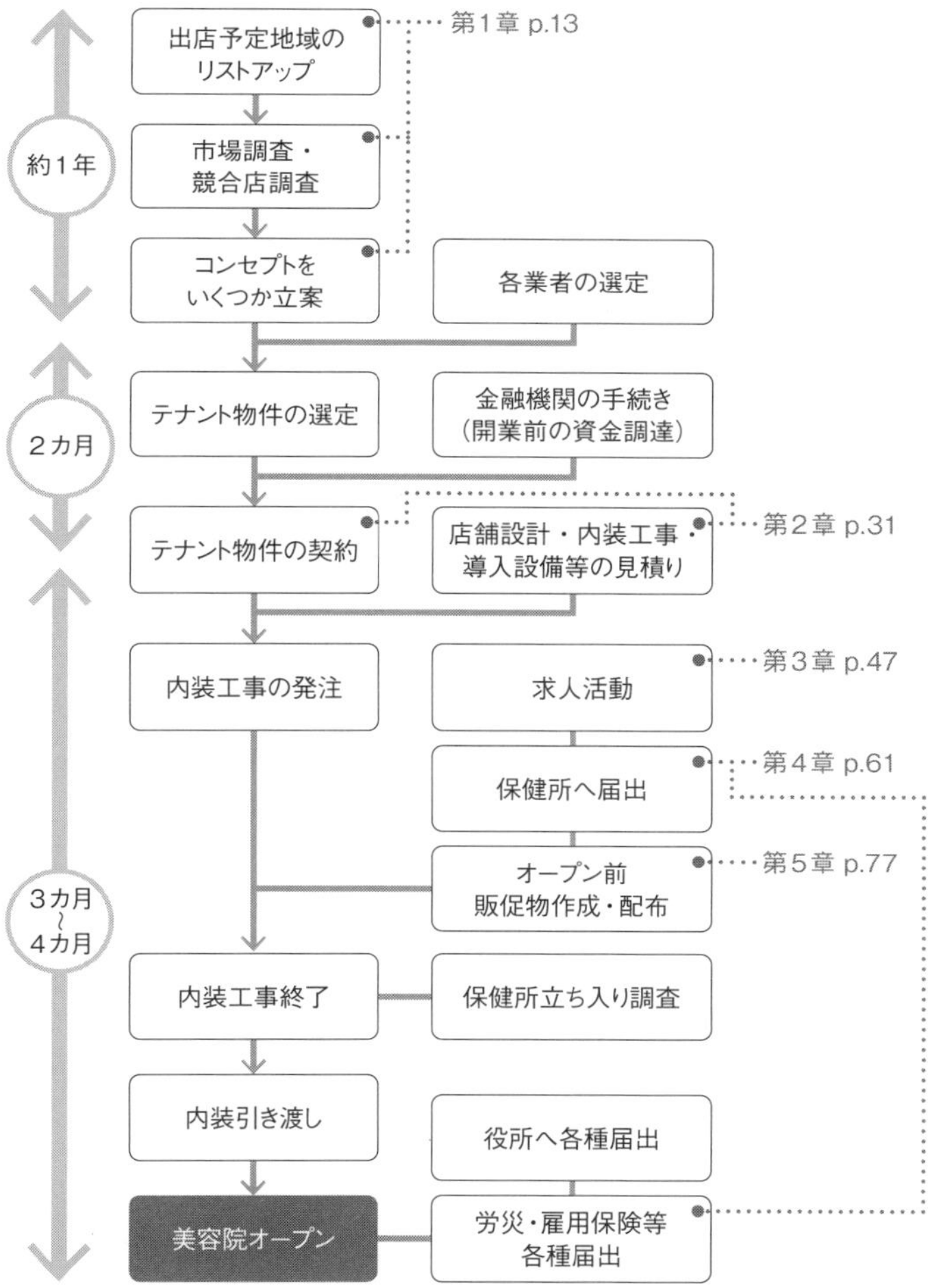

※第1～5章と関連づけて読み進めてください。

トとなる人口」、周辺の「競合店調査」などです。この調査をもとに、経営が成立すると想定される「お店のコンセプト」を立案していきます。

>>>>コンセプトをいくつか立案

コンセプトは、ひとことで言うと「誰に・何を・どのように・どこで」ということを明確化し、他店との差別化をした店作りをすることを意味します。近年、美容院経営がうまくいかない理由の一つに他店との競争に負けてしまうことがあげられますが、コンセプトを決めずに開業してしまう美容院に多くみられます。そのため、開業前にあらかじめコンセプトを決めておくことは非常に重要です。

しかし、コンセプト通りのお店を作ったとしても、出店する地域特性にマッチしていなかったり、既に同じようなコンセプトの競合店があったりすると、コンセプトを実現しても経営がうまくいかない場合があります。そこで、いくつかリストアップした地域は、市場調査後、地域ごとにコンセプトをいくつか立案するようにして、事業が失敗するリスクをあらかじめ軽減させるようにしましょう。

出店は ファミリー層に
人気の街の駅前
○×駅
競合店は
1000円カット
Ban Ban
リーズナブルな
お店が
多い…
出店計画
コンセプト
セレブ向け

>>> 各業者の選定・テナントなど物件の選定

本格的にテナントを探す前に、内装業者などの業者の選定をしておきましょう。テナント物件が決まった後、スムーズに業者とのやりとりができるようにするためです。その後に本格的なテナント探しに取りかかります。

>>> 金融機関の手続き（開業前の資金調達）

開業資金を金融機関による借入で想定している場合は、「金融機関の選定」をしましょう。またテナントなどの物件の契約は、融資の手続きが完了した後に行うようにし、遅くとも「内装工事発注時」には、融資が実行されるように手続きをしましょう。

>>> 求人活動・保健所へ届出・オープン前の販促物作成と配布

これらには、内装工事を発注した後すぐに取り組みます。販促物作成は業者に頼んだ場合、完成まで約1カ月かかると見込んでおきましょう。その後配布期間を約2カ月見込むと、オープン3カ月前くらいから取り組むといいでしょう。

>>>> 税務署や、労災・雇用保険等の各種届出

保健所の立ち入り検査を終えると無事に開業をすることができます。税務署などの各役所への届出と、労災・雇用保険・社会保険などの届出をします。

2 市場調査をしよう

前述したように開業前に「コンセプト」を決める必要がありますが、コンセプトは、リストアップした地域の市場調査、競合店調査も踏まえながら立案するようにします。

>>>> 世帯数・人口・男女の構成を調査

想定している出店予定地域の店舗の周辺を調査しましょう。世帯数や人口が多ければ来店客数を確保できる可能性は高くなります。世帯数・人口などはインターネットでも公表されているケースがありますが、詳細を知りたい場合は、市役所や図書館などで調べることが可能です。

>>>> 立地特性や交通量・歩行者通行量を把握

「繁華街」「駅前商店街」「オフィス街」「住宅地」などの立地特性によっても、周辺の人口や交通量・歩行者通行量は変わってきます。例えば、オフィス街では、平日に人口が集中し、休日は人口が減少する傾向にあります。また、駅前商店街は、客の回転が早くなりやすい一方で、単価も低くなりやすい特徴があります。いずれにせよ、どの立地でも長所・短所が必ず存在しています。儲かる美容院は、立地特性を十分に考慮したコンセプトを構築しているケースが多いです。調査地域がどのような特性があるかは、実際に歩いたりして自分の目で確認するようにしましょう。

>>>> 人が集まりやすい場所かどうか

「駅」「大型ショッピングセンター」など、人が集まる集積ポイントがあるか確認しましょう。人が集まるエリアへ出店する場合は、その人達をターゲットにすることも可能です。また、今後そのような出店計画があるかどうかは、市役所などの役所で確認することも可能な場合があるので、必要に応じて確認するといいでしょう。

集客に影響を及ぼす外部要因

世帯数	・世帯数の推移
人口	・人口の推移　・男女の構成比　・年齢別の構成比
立地特性	・繁華街、駅前商店街、オフィス街、住宅地、各4つの特性 ・川や線路など心理的に来店を阻害するものは無いか ・人が集まりやすい場所か
所得水準	・他の都道府県と比較して高いか低いか
地域の発展性	・地域が発展しそうか成熟しているか
周辺の競合店	・他店のコンセプトやサービス料金

立地特性…ターゲット層・特徴・問題点

	ターゲットにしやすい層	特徴	問題点
繁華街	・流行を求める層 ・夜のお店で働く人 ・地元住民	・不特定多数が来店する可能性がある ・話題性やトレンドを発揮しやすい ・ヘアセットの注文が多い	・賃料が高い ・飛び抜けた特徴が必要 ・長期リピートされにくい
駅前商店街	・商店街の住民 ・近隣の住民 ・商店街を訪れる人 ・駅利用者	・回転が早い＝単価が低くなりやすい ・新規集客がしやすい ・店前通行量が多い	・駐車場がない ・商店街の集客力に左右される（夜の集客が難しい）
オフィス街	・サラリーマン ・OL	・平日がメイン（週休2日制も可能） ・夜の集客も可能 ・勤務中の空き時間利用も多い	・土日祝は集客が難しい
住宅地	・近隣住民 ・主婦 ・家族づれ	・地域コミュニティがある ・クチコミ発生させやすい ・折込チラシの効果が出やすい	・店前の通行量は少ない ・回転は良い方ではない ・悪いクチコミも広がりやすい

＞＞＞ 心理的に来店を阻害するものは無いか

お客様が来店をする際、「川」や「線路」を越えないと来店できない場合、お客様の心理的な負担から集客が難しくなることが一般的にいわれます。飲食店や小売店ほど影響は受けないですが、念のため一応確認しておきましょう。

＞＞＞ 地域の発展性を調査

地域発展性のわかりやすい指標は「人口が増加しているかどうか」です。しかし、人口が減少傾向にあってもすぐに経営に影響が出るわけではありませんので、必要以上に意識しなくていいです。むしろ人口が減少している地域の方が低価格で店舗をおさえることも可能で、ターゲット層や明確なコンセプトが確立されていれば、逆にビジネスチャンスとなる場合があります。

＞＞＞ 周辺にある美容院の特徴を調査（競合店調査）

周辺地域の美容院の特徴を調査しましょう。競合店のターゲット層や料金、サービス、

競合店調査の進め方

競合店調査

- 競合店のターゲット・戦略
- 競合店のサービス・料金・立地
- 競合店の優れている点・劣る点

↓

競合店と比較して、自店の強み・弱みを知る

↓

自店の戦略や方向性を模索

- どのようなコンセプトにするか検討する
- 強みを活かし、弱みを改善する方法を決める

店の雰囲気などをわかる範囲で調査をします。前述したように、コンセプトとは、業界における自分のお店の立ち位置ですので、他店の戦い方を知らなければ、自分の店の戦い方を決めることが難しくなります。

また、来店客が来てくれている範囲を「商圏」といいますが、一般的に他店に無いコンセプトや独自サービスがある場合、商圏は広がります。例えば、男性に特化したサービスを展開する美容院が周辺地域に無ければ、遠方からお客様を呼び込むことも可能になります。一方で、他店とよく似たサービスを展開する美容院は、商圏が狭くなる傾向にあります。つまり、独自のコンセプトやオリジナルサービスを展開しようとしている方は、より遠方の美容院も調査しておいた方がいいと言えるでしょう。

3 お店のコンセプトの立て方

前述したようにコンセプトは、ひとことで言うと「誰に・何を・どこで・どのように」などを明確化し、他店との差別化をした店作りをすることを意味します。いまや美容院の

コンセプトシートの活用

項目	内容
① 誰に（ターゲット）	
② 何を（主力商品）	
③ どこで（場所）	
④ どのように（技術・空間）	
⑤ いくらで（客単価）	
⑥ 何のために（利用目的）	

数はコンビニよりも多いといわれています。事業を継続していくためには、他店との違いを明確にすることが重要となります。

そこで、ターゲット層や主力商品、利用目的などを細分化し、自分のお店は美容業界において、どのような分野・領域で勝負をしていくのかを決めていきます。具体的に決めなければいけないものは次の6つです。これらの①～⑥に当てはまるように検討していきましょう。

① 誰に（ターゲット）
② 何を（主力商品）
③ どこで（場所）
④ どのように（技術・空間）
⑤ いくらで（客単価）
⑥ 何のために（利用目的）

例えば、市場調査した地域は、40~50代人口が多いエリアで、ある程度年収の高い人達が住んでいる地域だとします。周辺にある競合店をイメージしながら、どのようなコンセプトの美容院が成立するか？　というようなことを考えながら①~⑥に当てはめて考えていきます。

周辺地域に40~50代向けの美容院が無いとすると、この年齢層の方は若者が行っている美容院に通っているか、遠方の美容院に行っている可能性があります。そこで次ページの活用事例①のようなコンセプトを立案してみました。

このように細分化することで、他店との違いをあらかじめ明確にすることができます。コンセプトは事前にリストアップした地域の市場調査をした上で、ビジネスとして成立することを前提に検討します。例えば、ターゲットを「40代、50代女性のセレブ」と設定しても、その地域にターゲットが住んでいなければ事業は成り立ちませんし、同じようなコンセプトの競合店があれば、それだけ事業は難しくなります。そのため市場調査は必ずコンセプトを立てる前に行うようにしましょう。（222ページ事例参照）

コンセプトシートの活用事例 ①

項目	内容
① 誰に(ターゲット)	40代、50代女性・セレブ
② 何を(主力商品)	オリジナルトリートメント/オーガニック商品
③ どこで(場所)	富裕層地域・ロードサイド
④ どのように(技術・空間)	オープンスペース、個室、VIP席
⑤ いくらで(客単価)	客単価は高め30,000〜40,000円
⑥ 何のために(利用目的)	上質な髪のメンテナンス・髪をキレイに

コンセプトシートの活用事例 ②

項目	内容
① 誰に（ターゲット）	30代以上の男性・金銭面で少し余裕がある人
② 何を（主力商品）	シェービングまで含めた頭と顔のトータルケア
③ どこで（場所）	市街地
④ どのように（技術・空間）	専門的で高い技術を半個室で提供
⑤ いくらで（客単価）	男性としては高め8,000～10,000円
⑥ 何のために（利用目的）	男が寛ぎ癒されながら格好よくなる

コンセプトシートの活用事例 ③

項目	内容
① 誰に（ターゲット）	20代・30代の男女・特殊ヘアメイクに関心が高い人
② 何を（主力商品）	モヒカンアートカット（バリアート）
③ どこで（場所）	地方都市
④ どのように（技術・空間）	カット後の特徴のある髪型を個室で撮影できる空間を持つ
⑤ いくらで（客単価）	専門性が高いため価格は高め 12,000〜15,000円
⑥ 何のために（利用目的）	イベント等で特別感を演出するヘアアレンジとして活用

>>>> コンセプトを立てるメリット

コンセプトを決めずに、なんとなく開業してしまうと、どのようなお客様を集客すればよいかわからなくなって、手当たり次第、集客活動をしようとしてしまいます。集客する客層を絞れないと、その分集客コストがかかりますし、お客様からすると、他店と比較してもどのようなお店かわかりづらくなってしまうことが多いです。

しかし、コンセプトを立てると、経営者やスタッフが「コンセプトに合っているかどうか？」という基準で行動することができ、コンセプトに合っていないことは「やらない」という意思決定が自らできるようになります。

また、チラシなどの販促活動をする場合、コンセプトがしっかりと確立されていれば、「当店のサービスは他店と何が違うのか？」を明確にチラシに記載することが可能となり、ターゲットとするお客様へピンポイントで訴求が可能となります。

このようにあらかじめコンセプトを立てておくことは、メリットとなることが多いです。

ビジネスは、市場調査やコンセプトの立案を通じて、ある程度失敗するリスクを軽減することが可能です。開業前には時間をかけて必ずコンセプトを立てるようにしましょう。

第 2 章

店舗選び・資金調達をする

1 テナントの探し方
——家賃の妥当性・選び方のポイント

テナントは一度選択してしまうとなかなか移動することができません。そのため物件選びは重要になります。状態の良い物件を発見しても、市場調査で良い条件かどうかを必ず確認しましょう。

>>>> 外から見てわかりやすい・入りやすいか

まず大前提としてお客様が外から見て、入りにくいテナント物件は避けるようにしましょう。実際にお客様の視点で歩いてみて違和感が無いか確認するようにします。また周辺店舗のニオイなど、想定しているターゲット客が来店した際に影響がないかを確認するようにしましょう。

>>>> 居抜き物件のメリット・デメリット

居抜き物件とは同業種が閉店した後で、設備類をそのまま利用できる物件のことです。

居抜き物件のメリット・デメリット

メリット	・初期投資を抑えられる ・短期間でオープンできる
デメリット	・店のレイアウトや構造に縛りがある ・建物や設備が古くて逆に費用がかかる

スケルトン物件…コンクリート打ちっ放しの、壁・床・設備などが無い物件のこと

特徴として「造作譲渡料（前物件所有者に内装設備を譲渡してもらう費用）」があります。

居抜きは設備も使用でき、低コスト・短期間で開業可能です。一方で店のレイアウトや構造に縛りがあったり、建物や設備が古くて逆に費用がかかったりする場合もあります。設備が使えるかどうかも含めて必ず「見積り」をとって判断しましょう。ちなみにスケルトン物件とはコンクリート打ちっ放しの壁・床・設備などが無い物件のことのことです。

>>>> 家賃の目安

後述する損益モデルでも記載しますが、家賃は売上に対して10～15%が適正です。例えば1人で開業した場合、年間約1000万円の売上が目安ですが、この場合の家賃は年間100～150万円（月に約8～13万円）が利益を確保するための目安になります。また家賃は2～3階の物件は1階と比較して安いです。しかし、人目に付きにくくなり、より目立つ看板や広告を強化しないと集客に苦戦します。この場合は家賃だけに左右されず、広告費用も踏まえて検討しましょう。

2 開業前の資金調達の方法

開業前にテナントの選定と並行して考えないといけないことが「資金調達」です。開業前には「将来のために席数は5席以上欲しい……」「待合は広くしたい……」「最新の設備で全てそろえたい……」、こういった思いを誰もが持ちます。問題は、これらのお金をどうやって用意するかです。お金を用意する方法は次の通りです。

①自己資金……………自分で貯金したお金
②補助金………………国・県・市から補助されるお金
③融資（借入）…金融機関等から借りるお金

この中で最も理想的な資金調達方法は、①「自己資金」と②「補助金」です。これらの資金調達方法は返済する必要がないからです。しかし現実は8割以上の創業者が借入で事業を開始しています。そのため3つの資金調達方法をバランスよく活用していかなければなりません。

>>>> ①自己資金

「自己資金」は自分のお金のことです。返済の必要もありませんし、使った自己資金が売上で回収できなかったとしても「損してしまった」で済んでしまいます。自分自身のお金のため使い方が自由で、借入と違って返済の必要がないというメリットがあります。

>>>> ②補助金

「補助金」は国・県・市から補助されるお金のことで、創業者を応援する制度です。補助金は基本的に返済する必要がありません。しかし、補助金制度は、毎年の国・県・市の予算によって異なるため、創業時に補助金が使えるかどうかは、その時に調べないとわからないことが多いです。また補助金制度があっても、創業の時期や場所によって要件が異なることもあります。募集期間も通常2カ月程度など短いことが多く、タイミングが重要になります。ですから補助金制度を活用したいときは、商工会議所や税理士などの専門家に問い合わせをして相談をしてみるとよいでしょう。

補助金の例

	補助金名	補助金額	内容
国	創業補助金	50〜 200万円	創業者が対象の補助金。創業者が必要な店舗賃料・設備費・人件費などに対して、支払った金額の1/2が補助金としてもらうことができる。
	事業承継 補助金	50〜 500万円	事業承継を行った事業者が対象の補助金。事業承継に伴い新しい商品・サービスの開発に支払った費用の1/2が補助金としてもらうことができる。
	小規模事業者 持続化補助金	50〜 100万円	5人以下の美容サロンが対象の補助金。ホームページ作成料などの広告宣伝費・シャンプー台などの設備費に対して、支払った金額の2/3が補助金としてもらうことができる。
	ものづくり 補助金	1,000〜 3,000万円	革新的な新サービス・新商品の開発に支払った費用の2/3が補助金としてもらうことができる。
	IT導入支援 補助金	50〜 100万円	ITツールを導入する時に支払った費用の2/3が補助金としてもらうことができる。
	早期経営計画 策定支援事業	20万円	経営計画を策定するために専門家に支払う費用の2/3を補助してくれる。

（次ページへ続く）

補助金の例

	補助金名	補助金額	内容
都道府県	創業助成事業 （東京都）	100～ 300万円	創業者が対象の補助金。創業者が必要な店舗賃料・設備費・人件費などに対して、支払った金額の2/3が補助金としてもらうことができる。

	補助金名	補助金額	内容
市	がんばる中小企業応援事業補助金【販売促進事業】 （愛知県安城市）	20万円	販売促進等のために行う販路拡大を目的として支払った金額の1/2が補助金としてもらうことができる。
	がんばる中小企業応援事業補助金【人材育成事業】 （愛知県安城市）	15万円	社外で行われる研修会または講習会への参加費として支払った金額の1/2が補助金としてもらうことができる。
	チャレンジとよかわ活性化事業費補助金 （愛知県豊川市）	50万円	経営革新計画に基づいて設備投資について支払った金額の1/2が補助金としてもらうことができる。
	名古屋市 スタートアップ企業支援補助金 （愛知県名古屋市）	100万円	創業者が対象の補助金。創業者が必要な店舗賃料・設備費・人件費などに対して、支払った金額の1/3が補助金としてもらうことができる。

>>>> ③融資（借入）

融資（借入）は、他人のお金のことです。お金を借りるため、返済の必要があります。借入は大きく2つの種類に分けられます。

1　身内からの借入 2　金融機関からの借入

1「身内からの借入」は親族などから資金を借りることです。当然返済はしないといけませんが、多少の融通は利かせてくれることが多いです。例えば「売上が少ない月は返済を猶予してもらう」といったことが交渉によっては可能になります。

2「金融機関からの借入」は前述した自己資金や補助金と比べると他人資本であり不利な方法と言えますが、実際は開業される方の8割以上が金融機関からの借入を実施しています。返済時に利息を支払わないといけないというデメリットがあります。代表的な金融

金融機関の種類

- 民間金融機関
  - 都市銀行
    - 三菱UFJ銀行
    - 三井住友銀行
    - みずほ銀行
    - りそな銀行　など
  - 都市銀行（第二地方銀行を含む）
    - 静岡銀行・千葉銀行
    - 八十二銀行・スルガ銀行
    - 愛知銀行・名古屋銀行
    - 大垣共立銀行　など
  - 信用金庫・信用組合
    - 京都中央信用金庫
    - 城南信用金庫
    - 岡崎信用金庫
    - 大阪信用金庫
    - 碧海信用金庫
    - 愛知県中央信用組合　など
  - 協同組合
    - 農業協同組合
    - 漁業協同組合　など
- 公的金融機関
  - 公庫・商工中金（政府系金融）
    - 日本政策金融公庫
    - 商工組合中央金庫　など

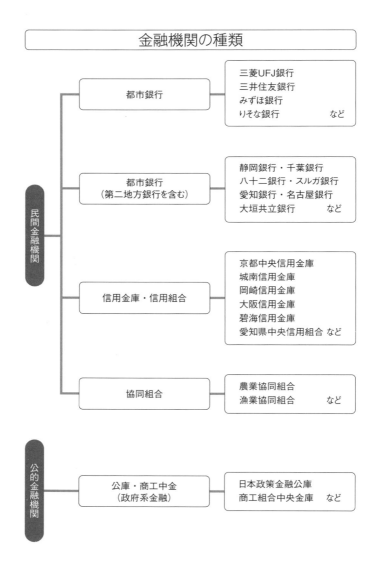

機関は「銀行」「信用金庫」「農業協同組合」「政府系金融」などです。

中でも政府系金融機関である日本政策金融公庫は、国策により創業を促進させる目的があるため創業融資に積極的です。そのため創業者の多くが日本政策金融公庫で融資を検討しています。具体的に、「無担保」であったり、「保証人」がいない場合でも、創業予定の業種における経験値や創業計画の妥当性により低利息で融資を受けることが可能であったりと、創業者にメリットが多いのが特徴です。

3 上手な融資の受け方

ここでは融資（借入）の際に最もハードルの低い日本政策金融公庫（以下、公庫）の融資制度をご案内します。公庫は前述したように、過去実績のない創業時の融資を積極的に対応しています。具体的には「無担保・無保証・連帯保証人なし」の制度があります。一般的にこのような優遇での融資は、他の金融機関では難しいとされていますが、公庫も誰でも優遇するという訳ではありません。公庫の新創業融資には次のような要件があります。

●融資金額の1割を自己資本で用意する事
●創業から2年以上経過していない事
●雇用を創出する事業である事、または6年以上
創業事業と同じ事業での勤務経験がある事
●税金の滞納がない事

これらの要件を満たすと、審査の土台にあがれます。また、必要な書類は以下の通りです。

①創業計画書
②資金繰り表
③見積書・請求書
④借入申込書

この中では①創業計画書と②資金繰り表が特に重要になります。公庫は創業を支援する目的はありますが、それ以前に資金回収を前提としています。そのため、より具体的な売

① 創業計画書

創業理由、経歴、サービス概略、仕入れ先、設備投資、損益モデル、を記入します。

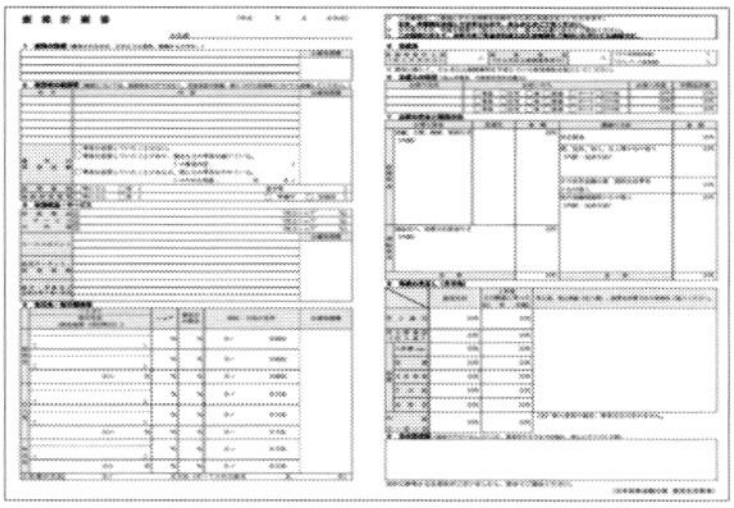

② 資金繰り表

創業から３年間の収支計画を記入します。毎月の売上から経費を引いて、利益から生活費と借入の返済が工面できるかどうかを記入します。

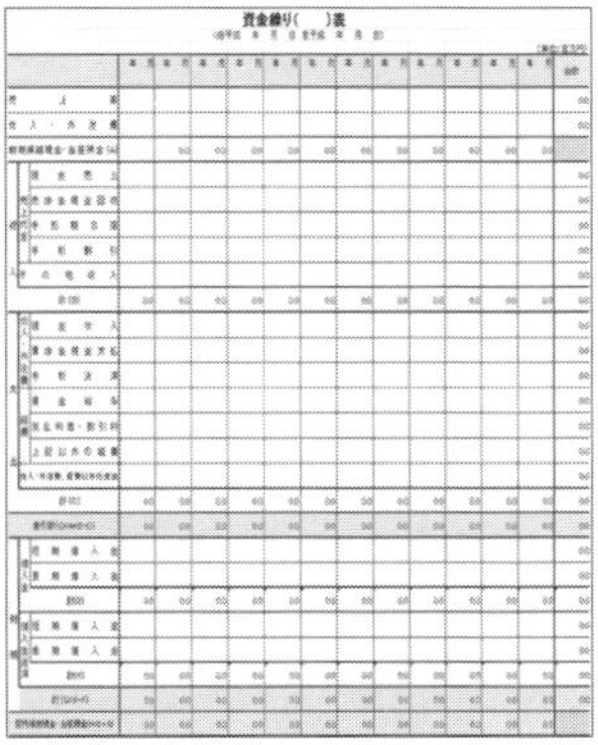

③ 見積書・請求書

創業時、最初の設備投資金額を裏付ける客観的な資料として提出します。

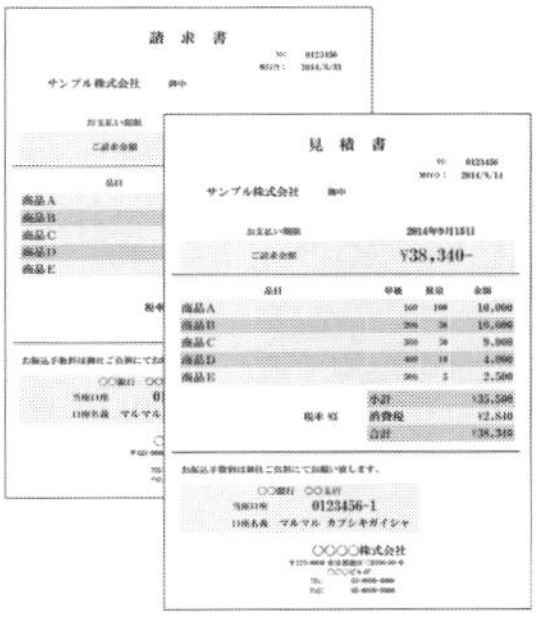

④ 借入申込書

住所名前などを記入して、正式な申込書として提出します。

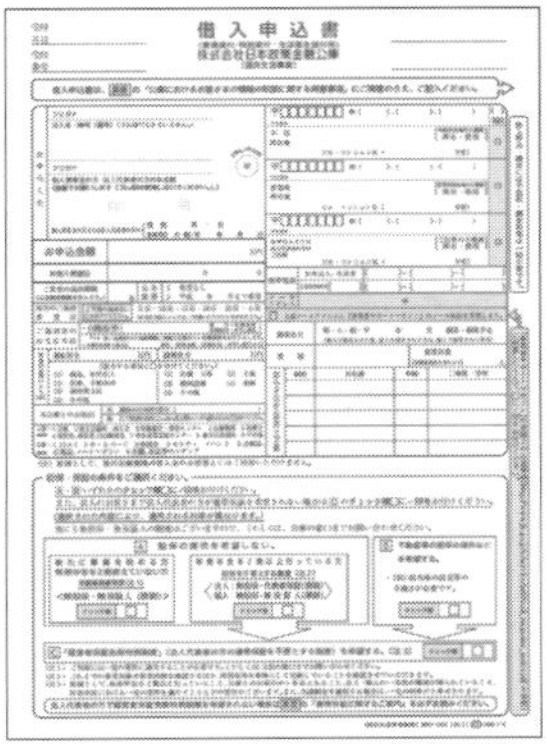

上や経費の把握と、利益がどれくらい返済に回せるのかを納得できる形で把握したいと考えています。未来を予測することは不確実性を伴いますが、できるだけ公庫が納得できるように売上の根拠を明確にして計画を立案することが重要になります。

>>>> 明確な計画の立て方の例

月に売上を100万円稼ぐ計画を立てたとします。公庫を納得させるというのは、なぜ月100万円の売上目標になったかという根拠を納得できる形で示すということです。

そこで次の計算式を利用しましょう。

> 1人で開業する場合
> **売上 ＝ 客単価 × 客数**

この式を活用すれば、月売上100万円にするために「客単価」と「客数」の数値を明確にすればよいということがわかります。また、なぜそのような「客単価」と「客数」になったのかという根拠を説明できると理想的です。

一方で、従業員を雇って開業することを検討している場合は、複数の客席を稼働させることになりますので「客数」を「席数×回転数」と表します。

従業員を雇用して開業する場合
売上＝客単価×席数×回転数

この式を活用すれば、月売上100万円となる根拠を「客単価」と「席数」「回転数」の数値で示すことができます。ここでもなぜそのような「客単価」「席数」「回転数」の数値を導いたのか説明できるのが理想的です。

計画はこのような形で客観的に説明する根拠を示すことが大切です。未来のことなので実際は開業しないと売上高は明らかにはなりませんが、金融機関は計画を見て融資の審査の見極めをします。

初めてのことで計画書の作成は難しいと思われる人もいるかもしれません。不安な人は税理士などの専門家に相談して、一緒に計画を作成してみましょう。第三者の視点を取り入れることで、より実現性の高い計画が作れるはずです。

第 3 章

求人活動

1 美容院の求人方法

美容院を開業する際に、スタッフを雇用することを前提としているのであれば「求人活動」が必要になってきます。主な求人媒体は次の通りです。それぞれの特徴を把握した上で最適な求人媒体を選択しましょう。

①「ハローワーク」（公的機関）
②「求人誌・求人チラシ」
③「求人サイト」
④「美容・理容専門学校」
⑤「ホームページ・SNS」

>>>> ①「ハローワーク」の特徴

ハローワークの最大のメリットは「費用面」です。基本的に無料で求人ができます。助成金制度も活用できる場合があり、求人にお金をかけられない人は活用できます。また公的機関のため「応募してくる人の身元がわかっている」という点もメリットでしょう。

一方で「欲しい人材にたどり着けないこともたびたびある」のがデメリットです。ハローワークでは美容院に限らず「働きたい人」が多く登録していますが、公的機関のため求人欄に載せる情報量に限りがあり、希望する人材にたどり着けないこともあります。

デメリットの二点目は「手続きの煩雑さ」です。公的機関のためさまざまな手続きが必要で時間もかかります。オープンまでに急いで人材を確保したい場合は、ハローワークでの求人は見送る方が無難でしょう。

>>>> ②「求人誌」・「求人チラシ」の特徴

民間企業の運営する求人誌や新聞などに折り込まれる求人チラシのメリットは募集地域を絞れる点です。美容院から近くの人をピンポイントに届いたい時には有効です。活用する際は年齢層を考慮しましょう。また新聞折込みの求人チラシは20代などの若い層はあまり見ていないことも多く、40代以上の人が目にすることが多いです。

一方で「タウンワーク」などの求人誌は20代もよく目にしている求人誌です。どの年齢層が見ているかは求人媒体や地域によって変わりますので、広告主に確認するといいでしょう。しかし、これらの求人方法は、ある程度費用がかかります。広告枠の大きさや、何回掲載するかによってかかる費用が変わってくる場合が多いです。

>>>> ③「求人サイト」の特徴

近年多いのがこの求人方法です。就職を希望する人は紙媒体の求人媒体を活用せず、スマホやパソコンで「美容院　名古屋市」などと検索して就職先を探す人が増えています。特に20～30代、若い世代になるほどその傾向が強いです。

求人サイトへの掲載は、直接求人サイトへ登録する方法や、求人誌に掲載すると、その求人誌が運営する求人サイトにも掲載してくれる場合もあります。近年多く見られるのが「Indeed（インディード）」という求人情報を検索できるサイトです。このサイトは世界規模で展開しているサイトで求人情報が非常に多いです。無料で求人を掲載することも可能ですが、有料にすることで、求人検索を上位掲載することも可能です。費用は求人ページにクリックした際に料金が発生する仕組みとなっており、クリックが多くなければ費用は抑えることができますが、採用に至るまでのサポートは受けることができません。

採用までのサポートを受けたい場合は「マイナビ」や「リクルート」などの大手求人サイトへの掲載も検討されますが、費用はどの求人方法よりも高く、開業を検討されている美容院には負担が大きくなります。

>>>> ④「美容専門学校」を活用する

専門知識を持った若い人材を雇えるのがこの方法です。専門学校を経由するメリットは、卒業対象者に対して「就職合同説明会」に参加できるという点にあります。専門学校生に直接自社の美容院魅力を発信することが可能です。まずは周辺にある美容専門学校に問い合わせてみましょう。

多くは会員制で年間費が発生する場合もあります。一方で新卒採用となるため即戦力とならない点や、合同説明会は年に数回しかないため、開業しようとする美容院には不向きかもしれませんが、検討してみる余地はあるかと思います。説明会に参加した際は、「求人用パンフレット」と入社後どのようなキャリアを歩むのかがわかる「キャリアパスシート」を配布するようにしましょう。（222ページ事例参照）

求人パンフレットの例

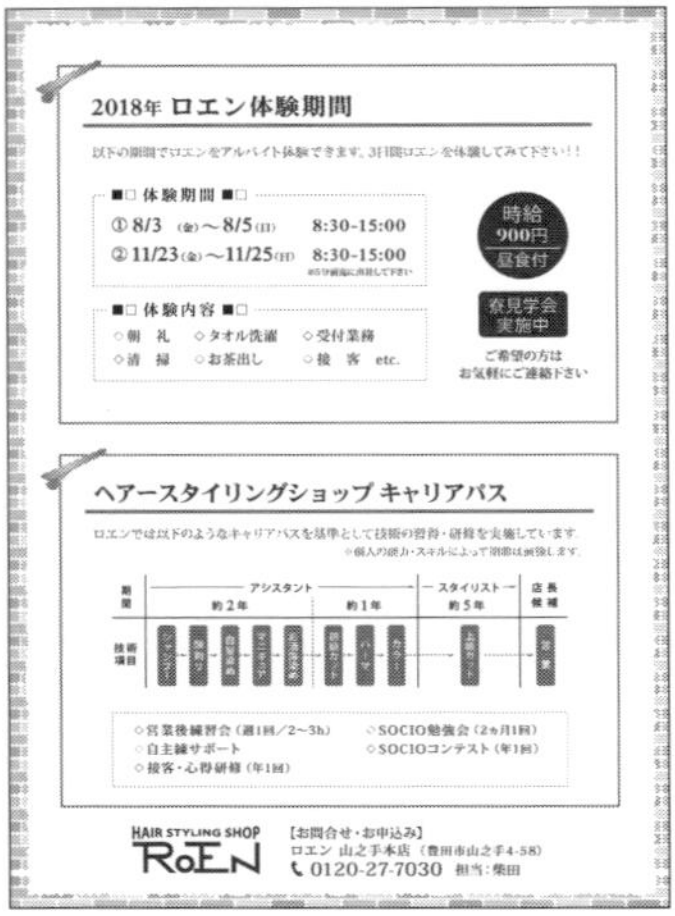

求人パンフレットに掲載すべき内容

項目	内容
会社概要	社名／代表者名／設立日／資本金／スタッフ数／平均年齢
経営理念	会社の社会に対する存在意義／会社やお店の使命など
行動指針	お店においてどのように考え、どのように行動するかの基本となる方針
店舗案内	店名／住所／電話番号
募集要項	募集職種／採用形態／勤務地／福利厚生／給与／休日／勤務時間など
採用手順	簡単な採用までの流れを記載
店長・スタッフコメント	求職者に向けたコメント。求職者の心理的ハードルを下げる効果がある
働き方	どのような働き方をする美容院なのか
教育体制	どのような教育体制があるか
年間行事	忘年会や独自のイベントなど（年間行事から働く楽しさが伝わるように）

>>>> ⑤「ホームページ・SNS」を活用する

最後に紹介する⑤は非常に重要です。①〜④のどの方法で求人活動をしてもいいですが、そのどれもが他社との競争になります。そのため、いかに自社をアピールするかがポイントになります。もし自社のホームページやSNSが開設されていて、お店の情報や日々の出来事、開業に至るまでの情報が掲載されていれば、その情報はどの媒体よりもオリジナリティーある情報となります。就職を検討している人は必ずそのような情報を求めているはずです。

そこで、①〜④で求人活動をする際は、必ずホームページやSNSに誘導するように仕掛けます。「詳しくはお店のホームページを見てください」という具合でQRコードを載せて誘導しましょう（URLの掲載よりもQRコードの方がアクセスされやすいです。QRコードはネット上で無料作成できます）。ホームページやSNSには、求人を意識したページを多く作るように心がけてください。「どのような人を募集しているのか」「お店の内観・外観の写真」「お店で働くメリット」など、自社ホームページやSNSでは情報掲載量はほぼ無限です。求人の際は活用してみましょう。

求人は、求職者の導線を意識して取り組むことが大切

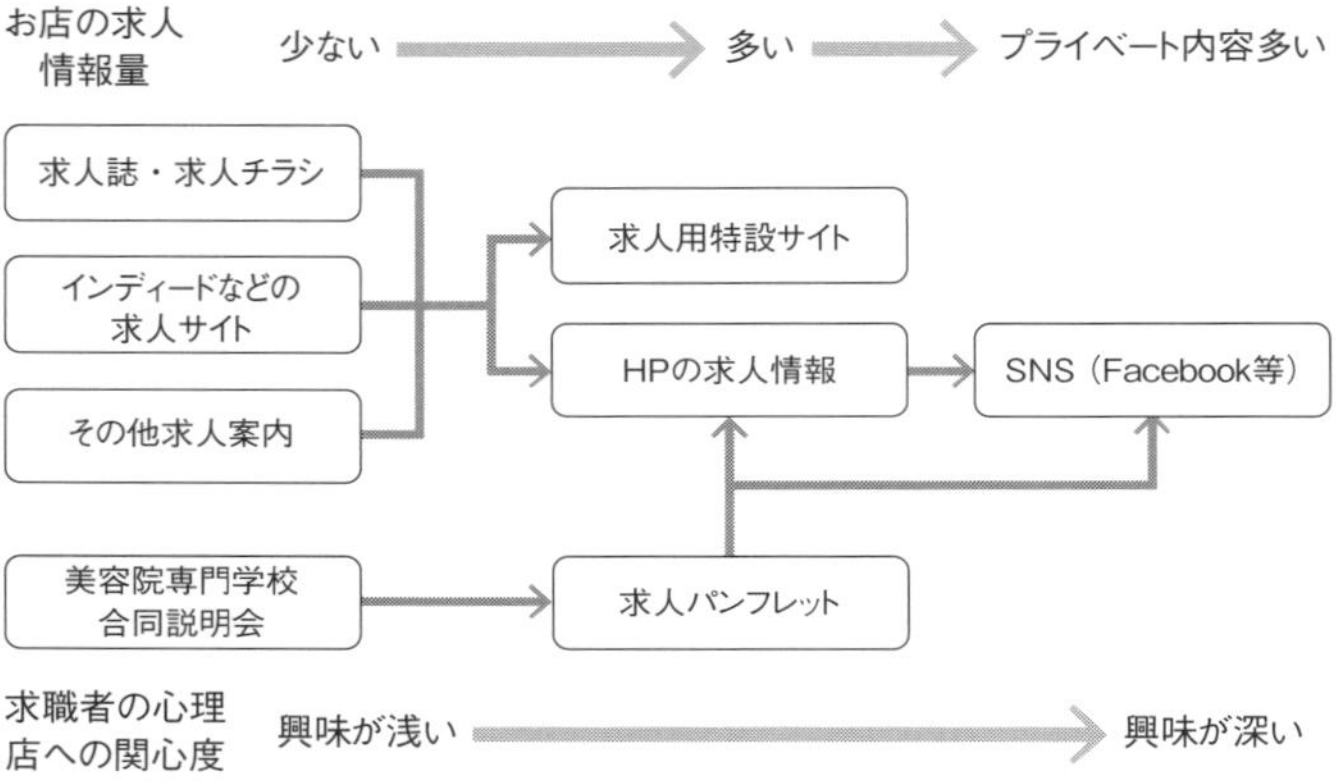

ホームページの求人情報事例

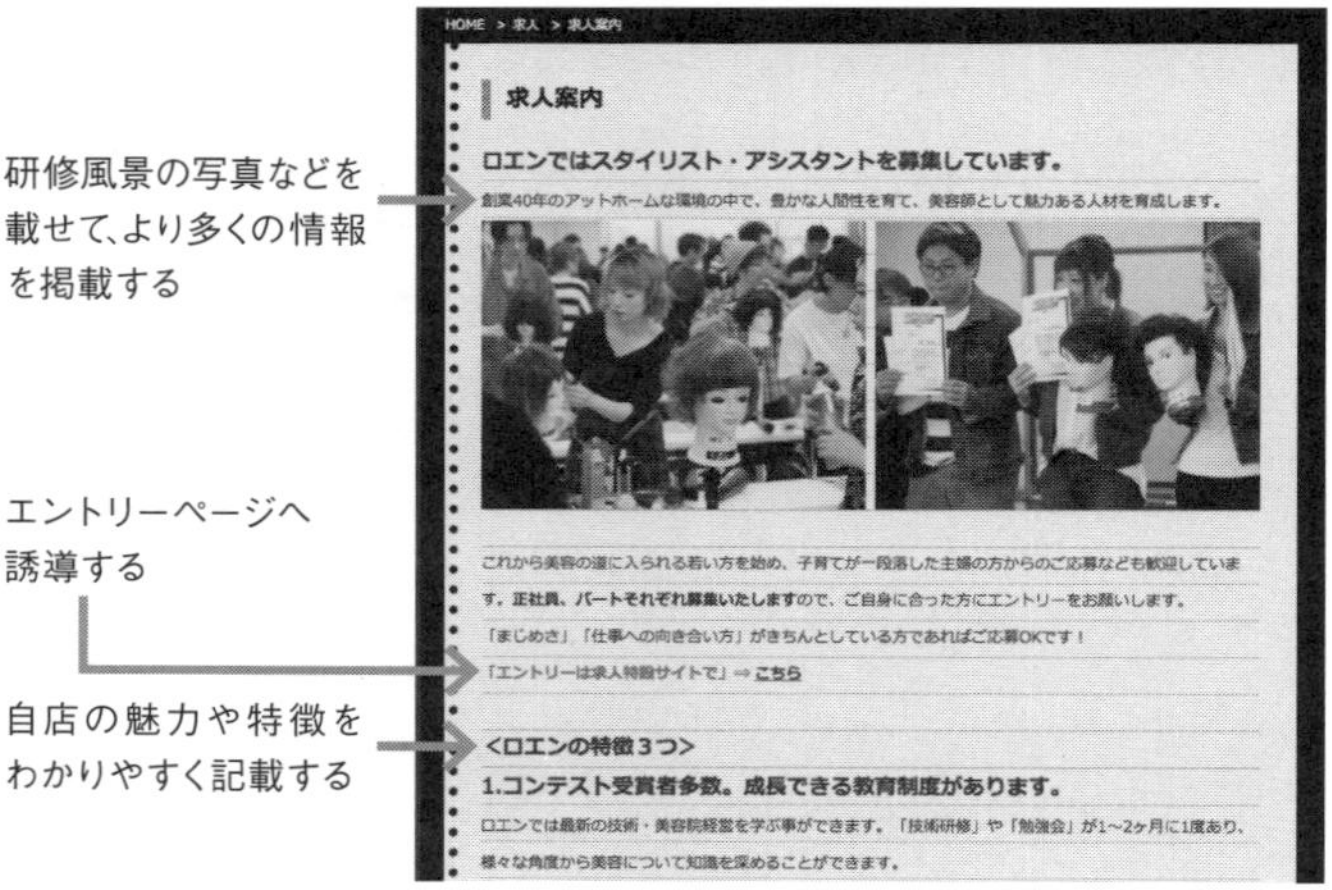

SNSを活用した求人活動はオススメ

ホームページなどに掲載された公式求人情報に比べ、SNSは美容院の様子や、スタッフ同士の日々の情報などが掲載されています。そのため、求職者にとって美容院の裏側や、楽しい職場かどうかということをSNSを活用して情報収集するケースが増えています。

インスタグラムの事例

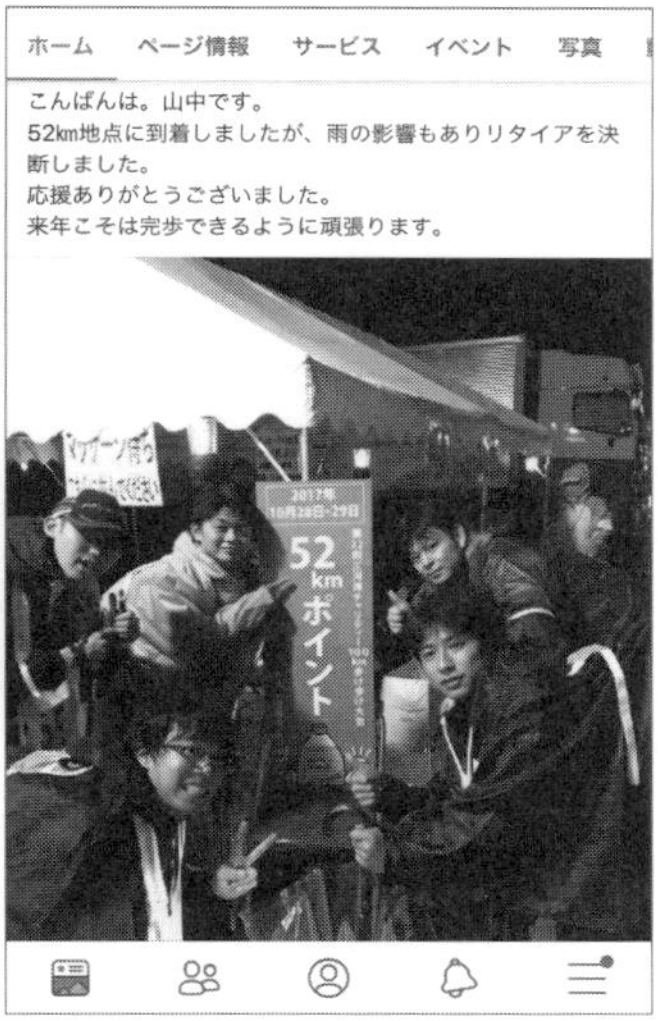

Facebook の事例

2 採用面接のやり方

開業時に求人活動をして、問い合わせがあった場合、履歴書を持参してもらい、面接を実施することになります。

>>>>「志望動機」を聞く

まず面接で聞かなければならないことは、志望動機です。多くの美容院がある中でなぜこのお店を選んだのか、履歴書などを元に質問しながら確認し、一緒に働けそうな人材か確認しましょう。

>>>>「将来の夢」「お店に求めていること」を聞く

ひと昔前は、美容師として独立したいという夢を掲げて、修業という意味合いで求職をする人も多かったですが、近年は求職者が独立を考えず、職場での安定を重要視する傾向が強くなっています。面接では「将来の夢」や「お店に求めていること」を聞くことで求職者の心理を捉え、お店側が対応できること・できないことをハッキリ伝えることが大切です。互いに採用後のミスマッチが無いように質問を組み立てましょう。

>>>> 基本的なマナーや人間性をチェック

美容院はサービス業です。スタッフの人間性やコミュニケーション能力が直接お客様の満足度につながり業績に影響を与えます。そこで面接時は、最低でも次の①〜⑤のことを必ず確認しましょう。

① 時間を厳守できるか

予定時間の数分前に面接場所に来るかを確認します。時間にルーズな人や、事情なく遅刻した人は避けた方がいいでしょう。美容院で売上を上げるには時間単価の感覚が大切なので、時間に意識をもって行動できるかを必ず確認します。

② しっかりと挨拶ができるか

どの仕事においても挨拶は基本中の基本であり、最も人の地が出ます。採用後の教育で矯正できそうかどうかも意識して確認しましょう。

③ 服装がルーズでないか

面接の服装がルーズでないか、普段着がお店の雰囲気に合っているかを確認しましょう。

④ 社風や既存社員と合いそうか

どんなに能力があって人間性が豊かであっても、和を乱すような人だと問題が発生します。社風や既存社員とマッチし、協力し合えるかをチェックしましょう。

⑤ コミュニケーション能力があるか

美容師にとって「笑顔」「愛嬌」「人なつっこさ」などコミュニケーション能力がサービスの質を決めます。お客様に好かれる人材かどうかを確認しましょう。

これらのような①~⑤を確認するための質問は「学生時代の思い出」や「家族との思い出」など何でもいいかと思います。その質問の回答の節々や表情で判断するようにしましょう。

>>> 得意な技術・不得意な技術を聞く

求職者がどのような技術を持ち合わせているか確認をするようにしましょう。得意な技術や、苦手な技術がどのようなものかを質問で聞きます。余裕があれば直接技術をチェックすることも有効です。

>>>> 雇用条件を伝える

面接は質問だけでなくお店側が伝えなければならないことがあります。それは雇用条件です。勤務地、給料、勤務時間等の伝えなければならない内容を直接説明しましょう。これらは後々トラブルになりやすいため、求職者が納得のいくように時間をとって説明しましょう。（223ページ事例参照）

採用面接時のチェックリストの例

採用面接チェックリスト

・動機

- □ なぜ当店で働こうと思ったか？
- □ 前のお店を辞めた理由（転職の場合）
- □ 当店のコンセプトをどう感じるか？
- □ そもそも「美容業界」で働こうと思った理由は何か？

・展望

- □ 当店でやりたいこと
- □ 将来の夢
- □ やりたいことや夢を踏まえて当店に求めること

・素行

- □ 時間にルーズではないか？（遅れそうなときの連絡があるか？）
- □ 挨拶がしっかりできるか？（明るく笑顔）
- □ 身だしなみは整っているか？
- □ コミュニケーション能力はあるか？（既存社員と人間関係は大丈夫か？）

・能力

- □ 得意・不得意な技術の確認
- □ 前職での売上や固定客数

・雇用条件

- □ 当店の給与形態の確認
- □ 勤務時間の確認
- □ 研修等への参加は可能か？

※トラブルになりがちなので納得してもらえるまで丁寧に説明する。

第 4 章

開業時の届出書類・開業前のお金の管理

1 保健所への届出書類

美容院を開業する際、管轄の保健所へ届出が必要になります。開設までの流れは次の通りです。

① まず保健所への事前相談

美容業は国家資格が必要な業種で店舗の構造設備など、法令で基準が定められています。基準に満たない場合は開業ができません。基準は自治体により異なるため、まずは保健所に相談しましょう。

② 開設の届出

届出で最初に提出するのが「開設届」です。管轄する保健所に検査手数料を添えて提出します。開設届は営業開始予定日の10日前までに提出しなければなりません。提出時に美容師免許証の提示が必要になります。

③ 実地検査

開設届提出後は、保健所担当者による検査があります。法令の基準を満たしているか担当者がお店で検査をします。もし開業における工事完了後の実地検査で不適合と判定された場合、設計変更で余分な経費が出てしまいます。そのためにも工事施工前に保健所で相談をするか、美容業に詳しい工事業者へ依頼するようにしましょう。

④ 確認済証の受領（営業が開始できる）

実地検査を終えると、数日後に「確認済証」が交付されます。この確認済証の受領後に、晴れて美容院の営業を開始することができます。

この他にも屋号の変更など届出した内容に変更が生じた場合や、店舗の改築、営業を止めた場合にも保健所に変更届を提出する義務があります。

抜き打ちで保健所の実地検査もあるので、困った時は保健所に確認するようにしましょう。

美容院開設までの流れ

STEP.1
保健所への事前相談

STEP.2
開設届の提出

STEP.3
実地検査

STEP.4
確認済証の受け取り
（営業が開始できる）

（例）名古屋市の営業施設の基準法令

① 作業所と待合所とを区分して設けること
② 作業所の床面積は、13㎡以上であること
③ 待合所の床面積は、作業所の床面積の8分の1以上であること
④ 床及び腰板にはコンクリート、タイル等の不浸透性材料を使用すること
⑤ 洗場は、流水装置とすること
⑥ 洗場及び洗髪設備は排水が完全に行われる設備であること
⑦ ふた付きの汚物箱、毛髪箱を備えること
⑧ 作業面の照度を100ルクス以上とすること
⑨ 空気中の炭酸ガス濃度を0.5％以下にすること

このように基準は細かく、面積の計算などは素人では難しいです。
開業時は必ず事前に保健所へ相談しましょう。

2 税務署への届出書類

美容院を開始する際には、保健所だけでなく税務署など各役所にも各種届出を提出する必要があります。届出は次の通りです。

① 開業届出書

開業したら開業届を官庁（国・都道府県・市町村）へ提出しなければなりません。国は税務署、都道府県は県税事務所で、提出期限はどちらも開業してから1カ月です。市町村は市役所、町村役場となり、提出期限は「すみやかに」となっています。

② 所得税の青色申告承認申請書

事業者は事業が1年終わったら売上や税額などを税務署に申告しなければなりません。これを確定申告といいます。確定申告の方法は「白色申告」と「青色申告」の2つがありますが、青色申告の方が白色申告よりも税制上の特典が受けられるため、青色申告を出すことをオススメします。青色申告で確定申告をするためには、開業後に青色申告の届出を提出し、申告時に「貸借対照表と損益計算書」を作成し提出する必要があります。

貸借対照表とはお店がどれくらいお金などの資産を持っているかを表したもので、損益計算書は年間のお店の売上や利益を表したものです。青色申告では複式簿記という方法でこの2つを作成しなければなりません。簿記を学んだことが無い人は、難しく感じるかもしれませんので税理士に相談するようにしましょう。

「所得税の青色申告承認申請書」の提出期限は開業してから2カ月以内です。この期限を守らなければ、青色申告の税制上のメリットは受けられませんので注意しましょう。

③ 青色事業専従者給与に関する届出書

個人事業者は原則一緒に住んでいる親族（同一生計親族）に支払う給料を経費にすることができません。ただし青色申告の届出をしている事業者で「青色事業専従者給与に関する届出書」も提出している場合は経費とすることができます。提出期限は、開業の日や専従者がいることとなった日から2カ月以内となります。

④ 給与支払事務所等の開設の届出書

従業員を雇って、給料を支払う場合に必要な届出です。提出期限は開設した日から1カ月以内となります。

⑤源泉所得税の納期の特例の承認に関する申請書

従業員に給料を支払う場合、給料に対する所得税を事業主が天引きをして、その天引き額を従業員に変わって事業主が納める義務があります。納税期日は、給料の支払日の翌月10日までです。しかし、10人未満の事業所に限り、半年に1回納税すればよいという特例があります。この特例の届出が「源泉所得税の納期の特例の承認に関する申請書」になります。この届出は提出した月の翌月に支払う給料から効力が生じます。

⑥減価償却資産の償却方法の届出書

原則として10万円以上の備品などを購入した際は、耐用年数に応じて少しずつ分割して費用化する必要があります。これを減価償却といいます。償却方法には定額法や定率法がありますが、届出により償却方法を選択することが可能です。現在は建物、建物付属設備、構築物については定額法となりますが、その他の資産については、定率法を選択することで、定額法よりも早いタイミングで経費にすることが可能です。

このように事業を開始するとさまざまな制度が絡み合ってきます。必要に応じて税務署や税理士に相談し、提出書類の漏れが無いようにしましょう。

①

個人事業の開業・廃業等届出書

個人事業の開廃業等について次のとおり届けます。

②

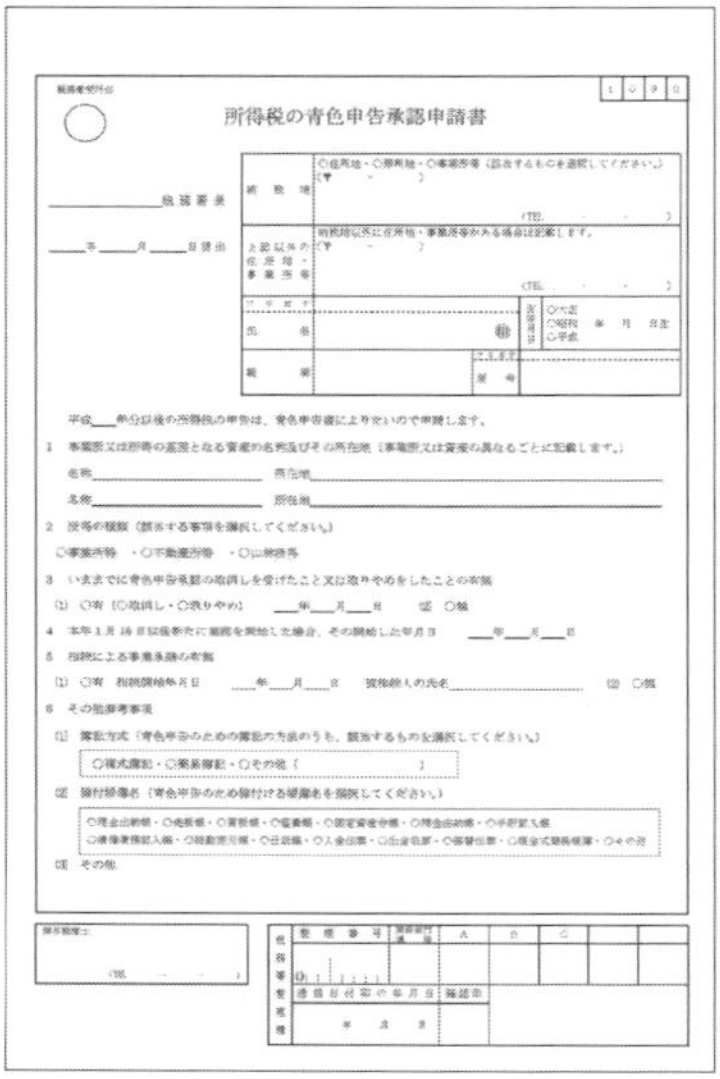

所得税の青色申告承認申請書

③

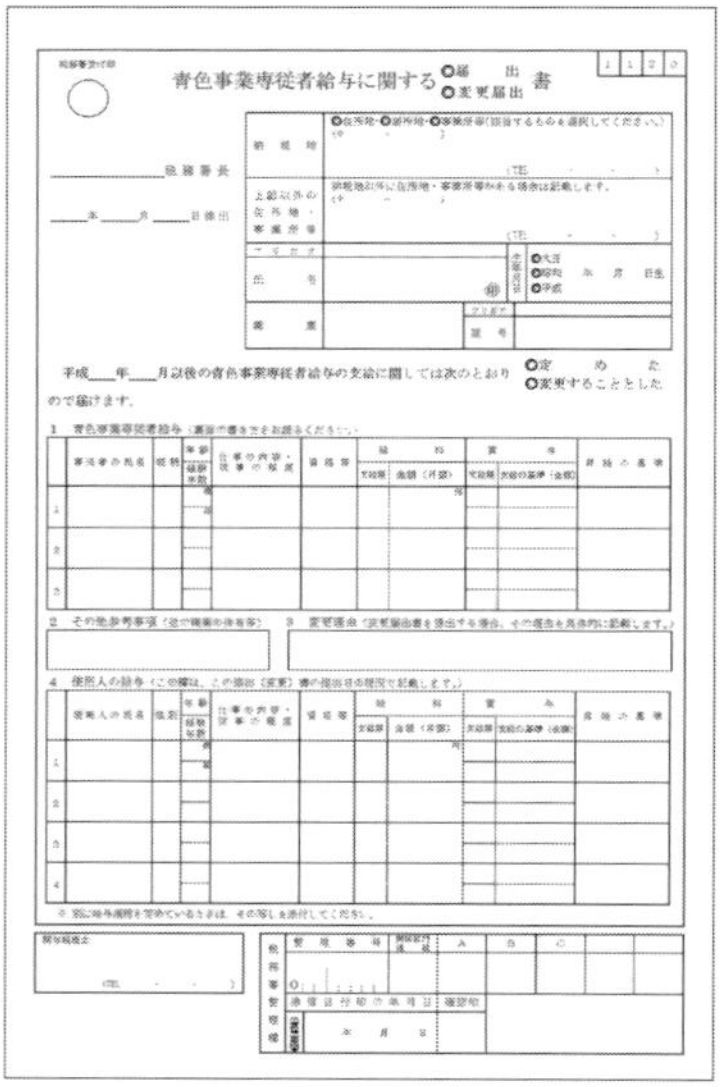

青色事業専従者給与に関する届出書・変更届出書

④

給与支払事務所等の開設・移転・廃止届出書

税務署長殿

所得税法第230条の規定により次のとおり届け出ます。

⑥

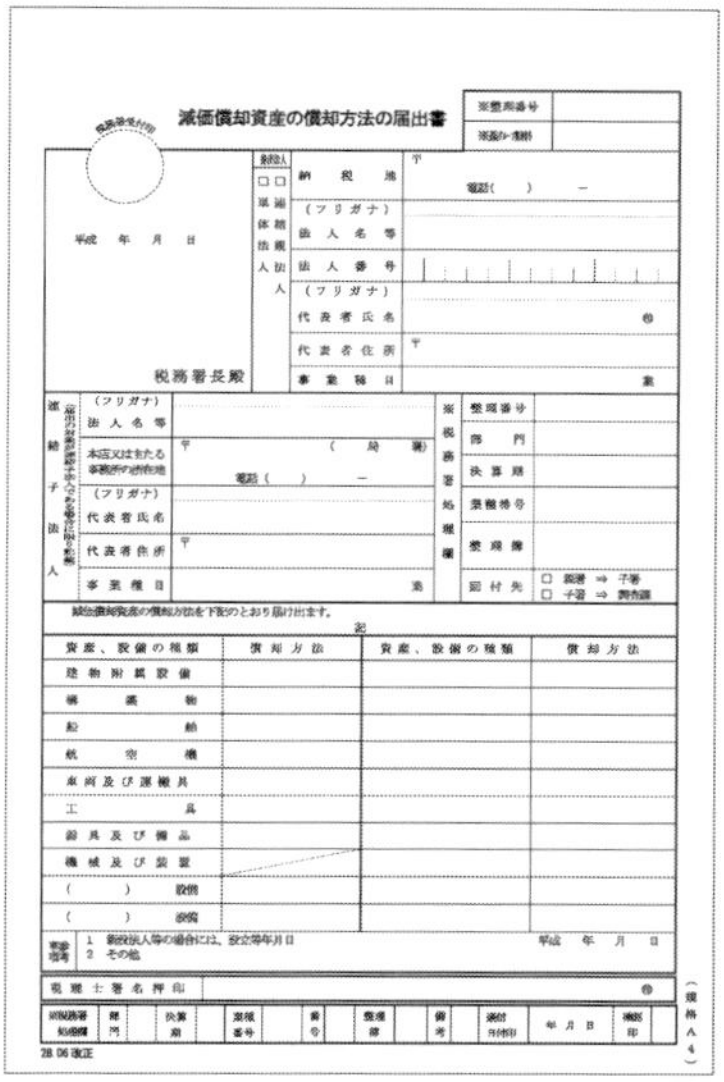

減価償却資産の償却方法の届出書

⑤

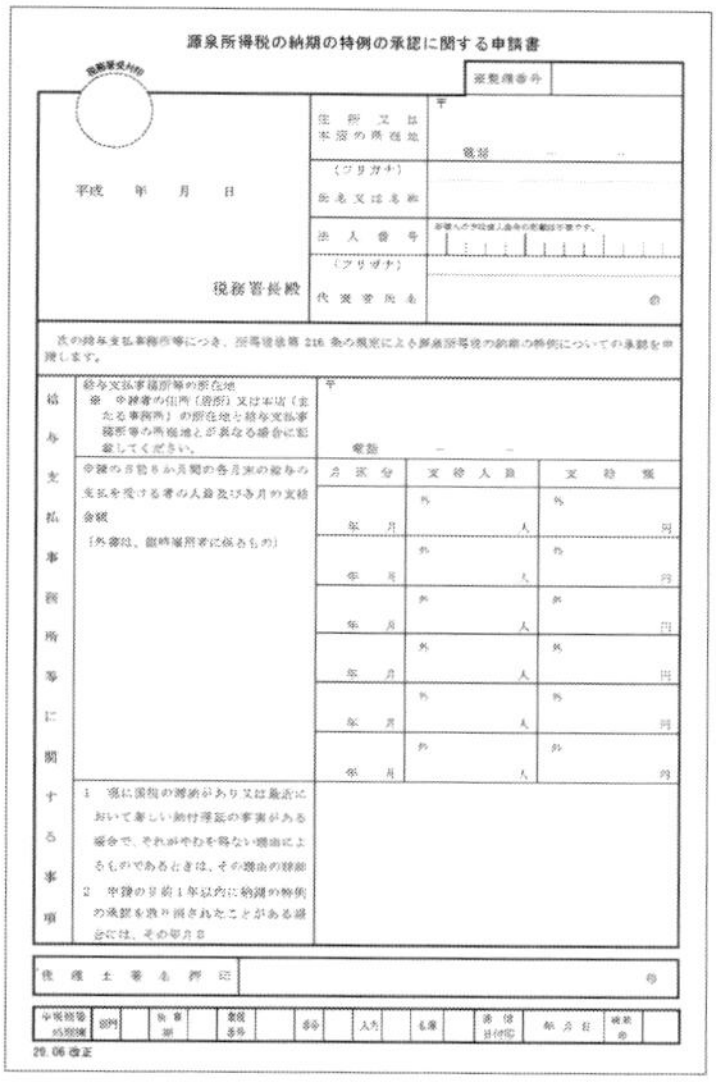

源泉所得税の納期の特例の承認に関する申請書

各種届出書

① 開業届出書
② 所得税の青色申告承認申請書
③ 青色事業専従者給与に関する届出書
④ 給与支払事務所等の開設の届出書
⑤ 源泉所得税の納期の特例の承認に関する申請書
⑥ 減価償却資産の償却方法の届出書

青色申告をする特典

① 青色申告特別控除
最高65万円の控除を受けることができます。

② 青色事業専従者給与
一緒に住んでいる親族（同一生計親族）に支払う給与を経費にすることができます。

③ 純損失の繰越
事業の赤字を翌年以降３年間にわたって持ち越しすることができます。

3 労災・雇用保険・社会保険の届出書類

>>>> 労働保険・社会保険の加入義務

従業員を雇用する場合には各種保険のことも検討しなければなりません。生命保険・損害保険などいろいろ保険はありますが、経営者が必ず考えないといけないのは労働保険・社会保険（狭義）の２つです。

従業員を一人でも雇用する場合には「労働保険」の加入をしなければいけません。労働保険は「①労災保険」と「②雇用保険」の２つで構成されます。また「社会保険（狭義）」は個人事業であれば、加入義務はありませんが、法人組織であれば必ず加入しなければなりません。「①年金保険」「②健康保険」「③介護保険」で構成されています。一般的に「労働保険」と「社会保険（狭義）」を合わせて、「社会保険（広義）」と呼びます。

>>>> 労働保険

① 労災保険（労働者災害補償保険）

労働保険のうち「労災保険」は、従業員が仕事中や通勤中に負傷・病気したり、障害者になったり死亡したりした場合の、病院費用や仕事を休んだ際の給料費用を支給してくれます。労災保険は保険料の全額を事業主が負担する必要があります。負担額は「従業員の給料の3／1000」です。加入手続きは労働基準監督署で行いましょう。

②雇用保険

労働保険のうち「雇用保険」とは、労働者が失業した時に失業給付として従業員にお金が支給されたり、労働者が教育訓練を受けたりする際に助成される制度です。

この保険にかかる保険料は事業主と従業員の両者が負担します。事業主が負担する金額は、「従業員の給料の6／1000」になります。事業主は毎月の給料から3／1000を天引きして、事業主が支払う形になります。加入の手続きは、公共職業安定所（ハローワーク）になります。

>>>> 社会保険（狭義）

①年金保険

年金保険とは、老後の生活に対する保険制度です。65歳以上になると年金支給が始まります。この保険にかかる保険料は事業主と従業員の両者が負担します。具体的に事業主は従業員の負担分である「給料の91・5／1000」を給料から天引きし、自身の負担額「給料の91・5／1000」を合算して支払います（保険料率は平成30年時点のものです）。加入の手続きは、年金事務所で行いましょう。

② 健康保険

健康保険とは、病気やケガの治療費の一部を負担してくれる医療保険制度で、病院での自己負担が軽減される保険です。この保険にかかる保険料は事業主と従業員の両者が負担します。給料から天引きする仕組みは年金保険と同様ですが、負担額（保険料率）は都道府県により異なります。加入手続きも含め、年金事務所で確認しましょう。

③ 介護保険

介護保険とは、介護を受ける必要のある高齢者の介護を、個人や家族だけでなく社会全体で支えていこうとする制度で、40歳以上の人が加入しなければならない公的な保険です。給料から天引きする仕組みは年金保険と同様ですが、負担額（保険料率）は都道府県により異なります。加入手続きも含め、年金事務所で確認しましょう。

従業員を雇用する際に加入を検討すべきこと。
社会保険（広義）の体系図

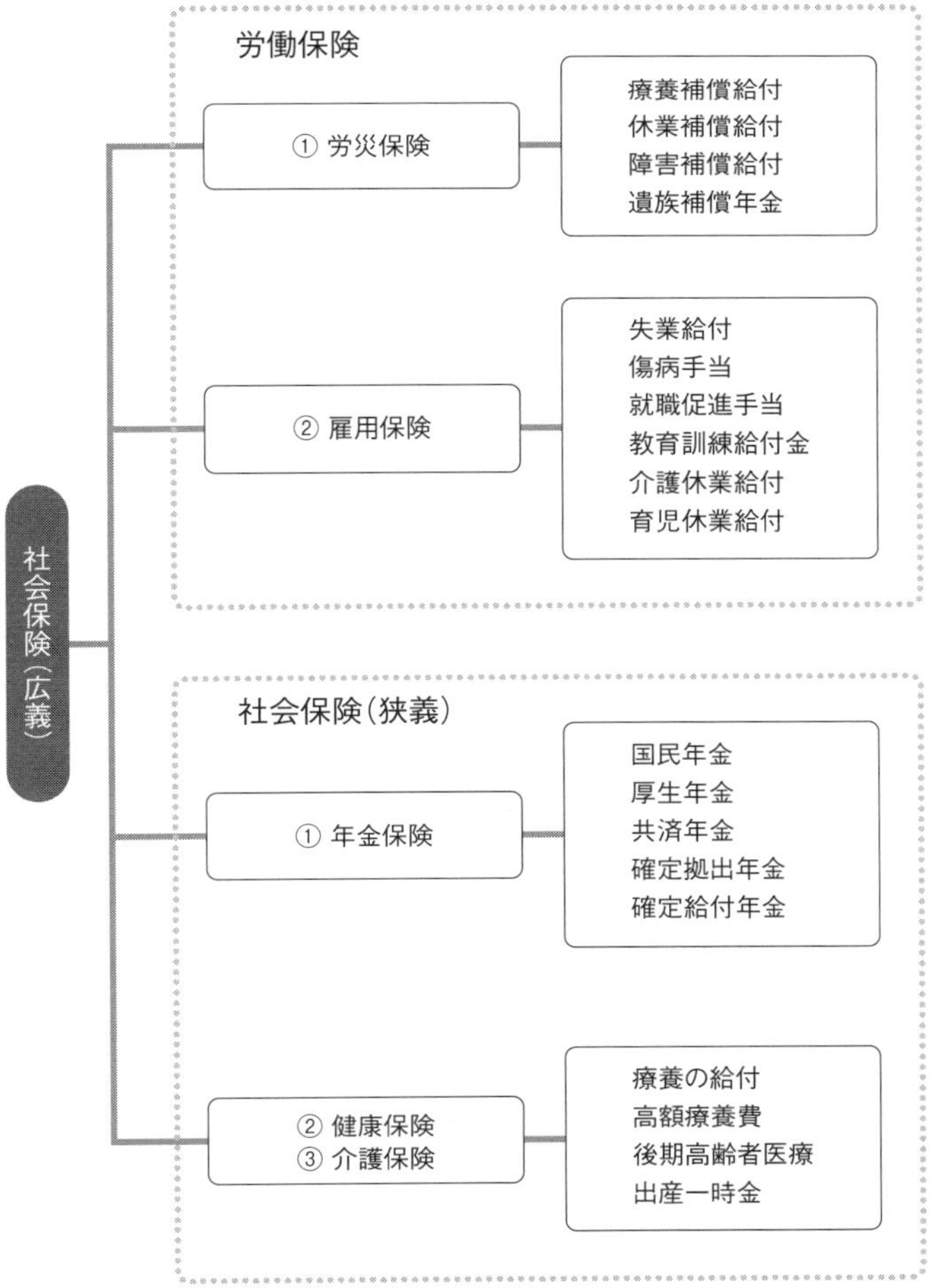

4 開業前のお金の管理

開業後は売上など現金が日々動きます。そこで大切なのがお金の管理です。倒産企業はお金の管理ができていなかったことが理由のひとつになることがよくあります。必ず開業前にお金の管理態勢を整えておきましょう。

>>> 開業までに準備するもの

①「集計機能付きのレジ」と「小銭集計機」

まずは一日の売上集計ができる2万円前後のレジを準備します。POSレジのようにデータ収集可能な高額レジでもいいですが、余裕が無い人は無理をしないようにしましょう。小銭集計は時間がかかるので自動集計機があると便利です。こちらも2万円前後で購入可能です。

② 現金出納帳と記載方法を知っておく

毎日の現金や支出の動きを記載しておくのが現金出納帳です。現金管理をするために必ず必要になるものです。青色申告をする際にも必要となります。まずは現金出納帳を紙媒体やエクセルなどで準備し記載方法を確認しましょう。

>>>> 売上集計と実際のお金を毎日確認する

開業後は、毎朝営業がスタートする時点でレジに置いておく現金（釣り銭用現金）の金額を決めておきましょう。売上集計は、レジが導入されていれば自動的に集計されます。営業後は、売上集計額と実際手元にあるお金の残高が一致しているか毎日必ず突合し、いくら儲かったか確認しましょう。「釣り銭用現金＋当日売上金－当日の現金支払経費－釣り銭用現金＝当日の儲け」となります（次ページ図参照）。

儲かっている美容院は必ず日々の売上を把握していてお金の管理をきちんとしています。事業は儲かっていてもお金が無くなれば倒産します。開業時からお金の管理方法をきちんと決めて、お金に対する意識を高めておきましょう。

レジ現金の動き

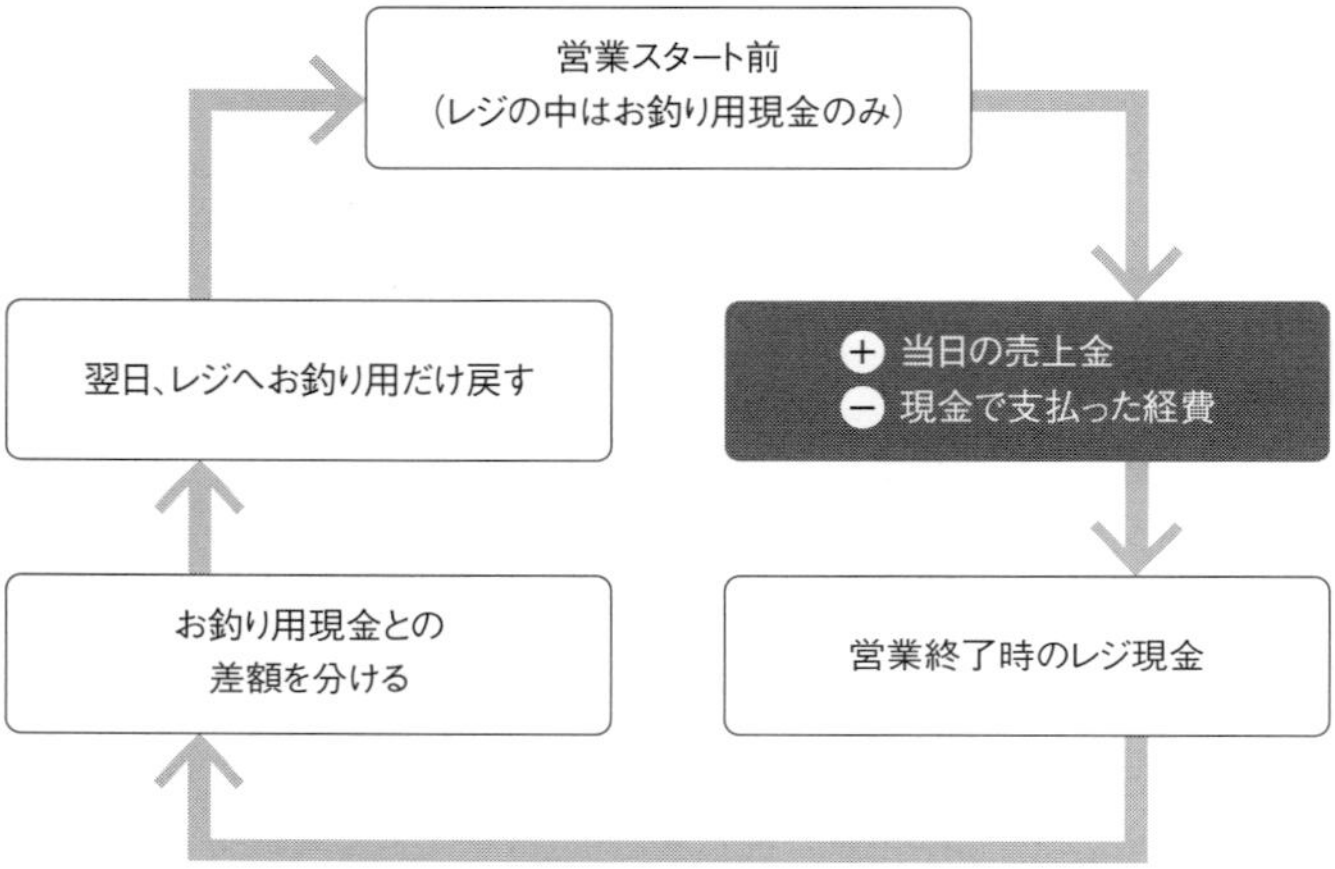

レジ現金の動き（例）

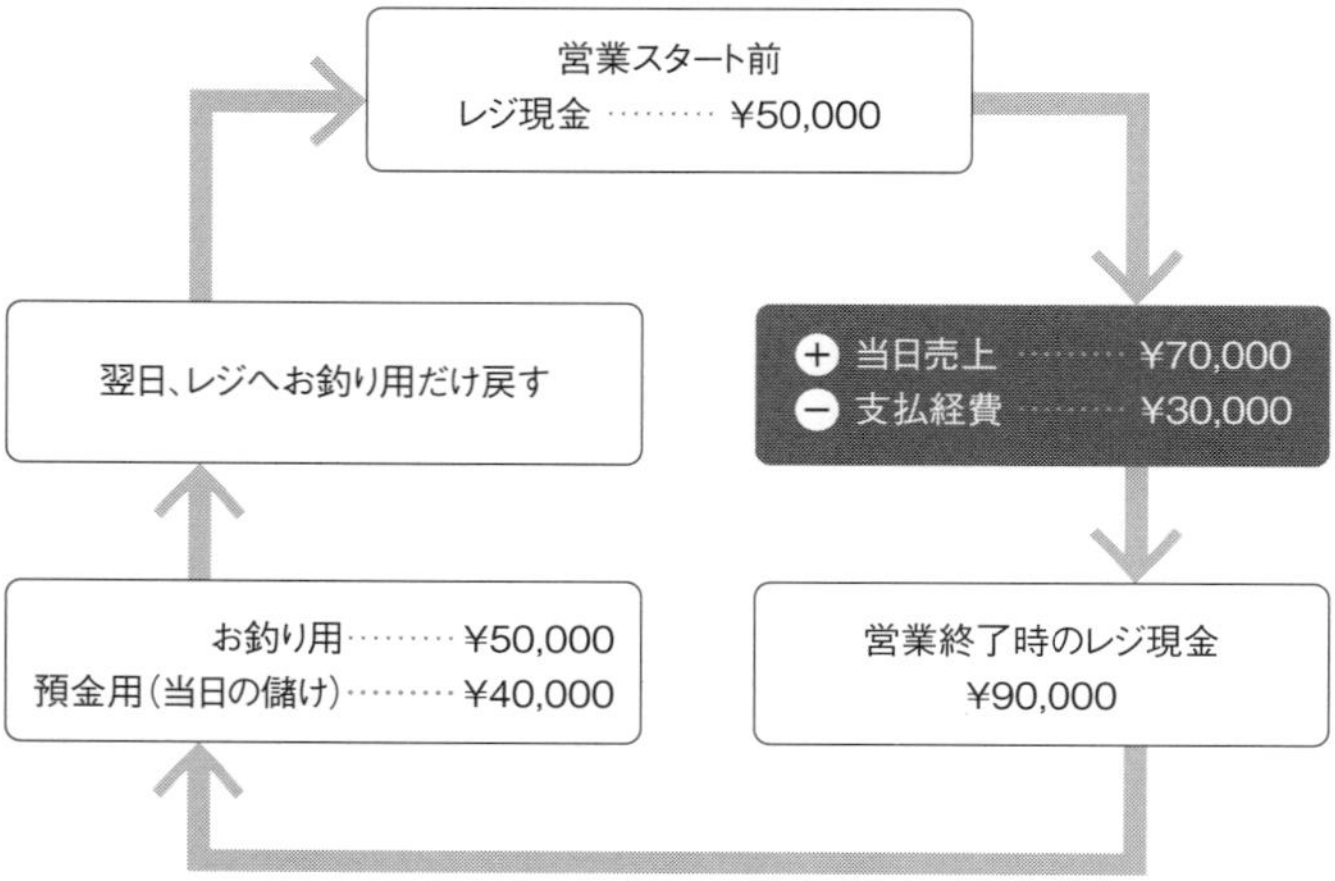

第 5 章

開業前の営業活動・販促活動

1 店名・企業ロゴを作成しよう

ここではオープン前にメニューやチラシ、ホームページなど販促物を作成するにあたり美容院のシンボルマークとなる店名・ロゴの説明をします。

>>>> 店名を決める

まず大前提として、お店の名前が業績を左右することはありません。そのため自分の好きな言葉やフレーズなどを自由に設定すれば問題ありません。しかし、外国語を使う場合、読めないとそれだけで年配層などから敬遠されます。ターゲット層に見合った店名かどうかは考慮しましょう。

>>>> ロゴマークの必要性

店名を決めた後は、その店名や作りたいお店のイメージに合わせてロゴを作成しましょう。一般的にロゴは看板・ホームページ・チラシなどに何気なく使われていますが、実は想像以上に見る人に影響を与えていて、店のイメージを想起させたり、サービスを印象づけたりと、他店との競争においても重要な要素となります。言い換えれば、ロゴは店やサービスの顔であり、美容院の理念やコンセプトなどを含めたブランドイメージを多くの人に直接伝える効果があるのです。

>>>> 理念・コンセプト・ストーリーから作成

ロゴを作成する際は、デザイナーなどに依頼して作成してもらうようにしましょう。その際お店の「理念」「コンセプト」を必ず伝えるようにします。理念は「美容院の存在意義」です。何のために社会に存在しているのか、どんな美容院を目指すのかを具現化したものです（コンセプトは24ページ参照）。また、開業に至るまでのストーリーもデザイナーに伝えて、思いのこもったロゴを作るようにしましょう。

ロゴ・ブランドイメージによる効果

ブランド……企業の製品やサービスをお客様に印象づけ、他店と区別するものです。また、そのイメージを文字や図形、記号で表したものをロゴとして扱うことで、よりブランドイメージを消費者へ伝えやすくなります。

項目	内容
① 他店と差別化できる	自社のイメージから他社と区別することができる。
② お客様の固定化	ブランドへの親近感や信頼性が高まり固定客化する(ファンになる)。
③ 販売促進コストが削減できる	固定客化により、必要以上に販売促進コストをかけなくてよくなる。
④ 価格競争を回避できる	価格だけで選ぶのではなく、そのブランドだから買うようになる。

色別によるイメージ

色	意味
赤	熱い、派手、情熱的、危険、生命力、闘争、興奮
オレンジ	暖かい、健康的、カジュアル、陽気、元気、楽しい
黄色	無邪気、軽快、幸せ、子供っぽい、明るい
緑	自然、安全、平和、中立、平凡、木、葉
青	清潔、冷たい、スポーティー、冷静、海、水
紫	高貴、気品、神秘的、不思議
ピンク	かわいい、優しい、甘い、愛らしい、少女
茶	落ち着き、大人、安定、木、リラックス
白	清潔、新鮮、シンプル、純粋、花嫁
灰	シック、クール、中立、平凡、大人
黒	高級感、クール、夜、孤独、フォーマル

2「メニュー表」を作成しよう

美容院開業予定から3カ月前には「メニュー表」の作成に取りかかりましょう。作成に関して開業時に考えておくことは「メニュー表はあとで作り直すことが前提」であるということです。開業時に決めた商品やサービスは、開業後にお客様にサービスを提供してみると、必ずしも想定していた売れ方になるとは限りません。サービス内容や値段の変更だけでなく、どの商品に注文が集中するかも実際は開業しないとわからないことが多いです。

ちなみに儲かっている美容院は、あれもこれもサービス・店販品が売れているわけではなく、売れ筋メニューに注文が集中していることも多いです。むやみにメニュー数を多くするのではなく、「いかに売れるサービス・商品を作り、注文を集中させるか」がポイントとなります。そして、お客様の注文を集中させるには、サービスそのものの良し悪しだけでなく、「メニュー表の見せ方を工夫する」ことが重要になってきます。最終目的が儲かるためのメニュー表にすることを前提に、まず開業時のメニュー表作成は次の(1)(2)の手順で考えてみましょう。

（1）客単価を実現できる商品構成を考える
①セット売り
②サービスの細分化
③独自のサービス名
（2）メニュー表の構成を検討して作成に入る
①「売りたいサービス・商品」は上部に記載
②わかりやすい説明文・コメントを記載する
③デザインにこだわりすぎない

>>>>（1）客単価を実現できる商品構成を考える

事前に決めたコンセプトの中で想定した客単価を実現するためには、どのように売っていくことが理想なのか、商品構成を工夫して考えます。その際、次の3つを検討しましょう。

①セット売り

単にカット○○○円ではなく、例えば「カット+カラーリングコース」というようにセット売りを前面に訴求する方法があります。セット売りはトリートメントやヘッドスパ、物販との組み合わせなどいろいろと想定できるので、「お店の得意なサービスで、儲かるもの」を組み合わせてみましょう。

②サービスの細分化

カットの中でもランク分けすることで客単価を変化させることが可能です。例えば「ベーシックカット4000円／スチームカット6000円」というように、サービスに付加価値を付けて価格設定する方法や、「スタイリスト4500円／トップスタイリスト5000円／ディレクター6000円」のように、美容師の技術ランクによって細分化する方法もあります。このようにサービスを細分化させることで、実現したい客単価に近づけないか検討します。

③独自のサービス名

サービスや商品の名前は、できるだけオリジナルの名前を付けられるようにしましょう。例えばプレミアムトリートメントというように、できるだけ周辺の他店には無いネーミングを付けられるように工夫します。これは、お客様が競合店と比較した場合に値段だけで判断されないようにするためにも効果的です。

>>> (2) メニュー表の構成を検討して作成に入る

（1）で考えたサービスや商品を具体的にメニュー表としてまとめます。前述したように儲かっている美容院ほど、売れ筋サービスに注文が集中しています。その注文をコントロールする役割をするのがメニュー表です。そこで次の点に注意してメニュー構成をしてみましょう。

① 「売りたいサービス・商品」は上部に掲載

メニュー表作成は上から単純に箇条書きで作成しないようにします。売りたいサービスや注文を集中させたい商品ほど上部に記載し、意図的に注文をコントロールすることが重要です。

② わかりやすい説明文・コメントを記載する

（1）で検討したサービスや商品も、独自の商品名を付けたからといって、お客様がどのような効用があるかわからないと意味がありません。そこで簡単な説明文をメニュー表に記載します。全てに記載すると見にくくなるので、最低でも「売りたいサービス・商品」には必ず説明文・コメントを記載するようにしましょう。

③デザインにこだわりすぎない

デザイナーに委託する場合は、今まで考えたメニューを手書きの原案として渡すようにします。注意点ですが「カッコいいメニュー表＝儲かるメニュー表」ではありません。大事なことは、注文をコントロールさせて儲かるメニュー表を作成することです。カッコよくても売上には直結しませんので、そのあたりをデザイナーと入念に打ち合わせしましょう。

前述したように開業時のメニュー表は想定からスタートし、実際に売れ行きを見て、「作り直すことを前提」にしています。初めから気合いを入れすぎてデザインにこだわりすぎないようにしましょう。

メニューのわかりやすい説明文の事例

■■フレンチ発の新カット技術！

フレンチカットグラン とは？

日本・フランス・アメリカの3ヶ国で「カット法の発明」特許を取得しているチームが創った3次元カット法です。
髪の長さだけでなく「厚み」や「幅」を調節できます。
クセ毛や傷み、硬い、太い、多毛などでお悩みの方は、この技術により、根本から毛先の量感が自然なグラデーションになります。
髪を傷めない。毛先だけスカスカにもならない。
フレンチカットグランは自然な毛量調整を可能にしました。

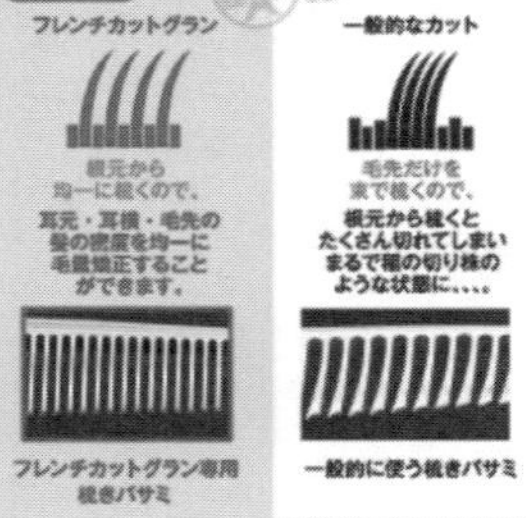

フレンチカットグラン
根元から
均一に梳くので、
耳元・耳後・毛先の
髪の密度を均一に
毛量矯正すること
ができます。
フレンチカットグラン専用
梳きバサミ
一般的なカット
毛先だけを
束で梳くので、
根元から梳くと
たくさん切れてしまい
まるで稲の切り株の
ような状態に....
一般的に使う梳きバサミ

体験したお客様の声

くせ毛で、髪が広がるのが悩みです。1ヶ月前にストレートをかけたばかりですが、雨の日や湿気の多い日は特に「もわ〜」と広がってしまいます。ですので、フレンチカットグランのお話を聞いて、「やってみたい！」と思いました。カットしていただいたら、広がりが落ち着き、クセも目立たなくなりました。ストレートしてないのに、ストレートしたような感じです。毛先は傷んでいたのですが、指通りがよくなりました。何よりうれしいのは、髪を乾かす時間が短くなったことです。いつも根本がなかなか乾かなくて困るのですが、根本を梳いたおかげで早く乾くようになりました。以前はドライヤーの時間は 20 〜 25 分位でしたが、今は 15 分くらいです。助かります。

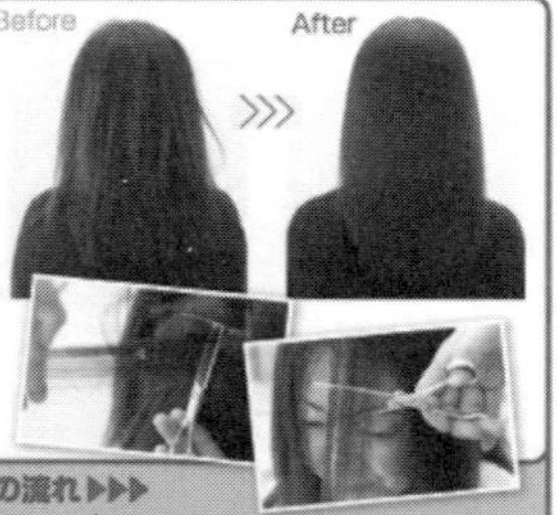

Before
After

▶▶▶フレンチカットグランのカウンセリングの流れ▶▶▶

①希望のスタイルと、今の髪の悩みを伺います。▶②フレンチカットグランの技術をご説明します。▶③施術料金の提案をします。

通常のカットとフレンチカットグランは料金が異なりますので、長さ調節のカットか、ボリューム調節のカットか、両方のカットかをお聞きします。スタイリストと相談の上、お決めいただくこともできます。

Q カットだけでまとまるフレンチカットグラン。カールやストレートパーマを同時にすると持ちがいいのはなぜ？

A 毛量を減らすカットには、従来のカット法で主に 2 種類あります。通常のはさみで、筆の形になるようにそぐ方法（ストローク）。それから、梳きばさみで梳く方法（ブラント）です。髪をそぐと、髪の表面に傷が付き、髪がパサついたりツヤがなくなったり、枝毛になったりします。梳きばさみで梳くと、髪は傷みませんが、段が付いたり穴があいたり、手触りが悪くまとまりにくいという欠点があります。

フレンチカットグランは、従来のカットの欠点を解決！

フレンチカットグランは、特殊なはさみと技術で、従来のカットの欠点をクリアしました。髪を傷つけず、均等に毛量を調節するため、ヘアスタイルを作る上で大切なベースが整います。ベースがいいと、カラー、パーマ、ストレートなどの薬液は正しく作用し、仕上がりもよく、ヘアスタイルのもちもよくなります。（お化粧と同じです。水分と油分があり、きめの整ったお肌は化粧ノリがよく、崩れにくいですよね。　ヘアカットも同じで、健康で整った髪にはカラーやパーマのかかりが良く、もちが良いのです。）

（223ページ事例参照）

3 ホームページを立ち上げよう

開業時に準備しておきたいのがホームページです。今や儲かっている美容院のほとんどがお店のホームページを持っています。業界は競争が激化していますので、お店の特徴やコンセプトをいかに発信できるかが大切になってきています。

>>>> 高額のホームページは要注意!

開業時におけるホームページの役割は「認知」です。認知とは「まず知ってもらう」という意味で、どのようなコンセプトのお店なのか、メニューは何があるのかを、より詳しく知ってもらうためのツールだと認識しましょう。

また、開業時は自分の実現したいお店のイメージが広がって、キレイでカッコいいホームページを立ち上げたくなります。しかしデザインの良し悪しが直接的に業績につながることはほとんどありません。特にお金が必要となる開業時は、ホームページにお金をかけすぎないことが大切です。100万円を超すようなデザイン業者は見直しましょう。ホームページの相場は数万~50万円ですが、お店のコンセプトやメニューは変わる可能性もあります。開業時は数万円でできる安いホームページでも十分です。業績がよくなったらお金をかけてこだわったホームページを作るようにしましょう。

＞＞＞ 集客と更新が大切

せっかくお店の公式サイトを作成しても、何も手を打たなければほとんど見られないのが現実です。後述しますが、ホームページを見てくれるように、ＳＮＳやあらゆる販促物を使って誘導をしなければなりません。この誘導ができてはじめてホームページが活きてきます。また更新頻度も今後ホームページを成長させるためには大切で、開業時は開業の様子を掲載したり、メニューを更新したりしてホームページを定期的に更新しましょう。

（１５９ページ参照）

ホームページの例

0564-72-5225
予約優先
TOP
HAIR MENU
ESTHE MENU
CONCEPT
RECRUIT
John Russell は髪を切るだけの場所ではなく
シャンプー・カット・シェービングなどの技術を通し
「男性が寛ぎ癒され格好良くなれる」
そんな技術と空間を提供します。
「ベタついてカサつく」を
「うるおってサラリ」へ整える
John Russell
このページに「いいね！」 150「いいね！」の数
John Russell
約4ヶ月前
Jeep Russellです。先日の事ですが店の前に偶然ラングラ

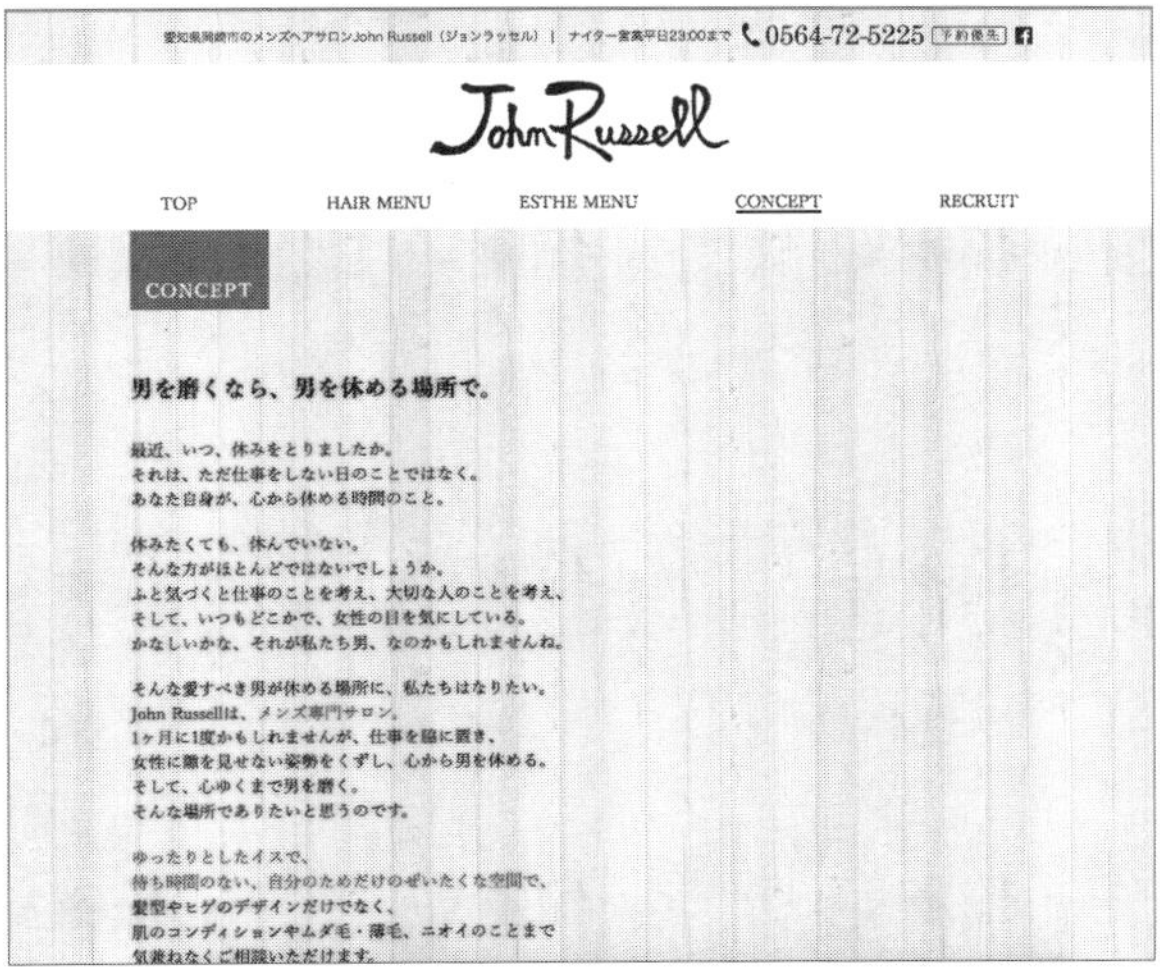
愛知県岡崎市のメンズヘアサロンJohn Russell（ジョンラッセル） | ナイター営業平日23:00まで
0564-72-5225
予約優先
TOP
HAIR MENU
ESTHE MENU
CONCEPT
RECRUIT
CONCEPT
男を磨くなら、男を休める場所で。
最近、いつ、休みをとりましたか。
それは、ただ仕事をしない日のことではなく。
あなた自身が、心から休める時間のこと。
休みたくても、休んでいない。
そんな方がほとんどではないでしょうか。
ふと気づくと仕事のことを考え、大切な人のことを考え、
そして、いつもどこかで、女性の目を気にしている。
かなしいかな、それが私たち男、なのかもしれませんね。
そんな愛すべき男が休める場所に、私たちはなりたい。
John Russellは、メンズ専門サロン。
1ヶ月に1度かもしれませんが、仕事を脇に置き、
女性に隙を見せない姿勢をくずし、心から男を休める。
そして、心ゆくまで男を磨く。
そんな場所でありたいと思うのです。
ゆったりとしたイスで、
待ち時間のない、自分のためだけのぜいたくな空間で、
髪型やヒゲのデザインだけでなく、
肌のコンディションやムダ毛・薄毛、ニオイのことまで
気兼ねなくご相談いただけます。

4 SNSで開業を告知しよう

>>>>オープン前にSNSを活用するメリット

ホームページと同様に、ウェブを活用した販売促進ツールとしてSNSがあります。SNSとは「ソーシャルネットワーキングサービス」の略で、ウェブ上の日記やメッセージなどを通じて、友人や知人、お店のお客様など、ある共通の趣味やカテゴリを持つ人達とインターネット上でつながることができるサービスです。近年よく利用されているSNSは「ツイッター」「フェイスブック」「インスタグラム」「LINE」などが代表的です。

SNSで代表的な「フェイスブック」では、お店のページに「いいね」や「フォロー」をしてくれた人に対して、お店の情報を発信することが可能です。このような特徴は「ツイッター」など、どのSNSでも同様の機能があります。もし、オープン前にSNSを開設して、より多くの「フォローしてくれる人（フォロワー）」を作ることができれば、それだけで見込み客となるわけです。後述する「開業前に集客の仕掛けをする」（95ページ）における取り組みでは、張り紙やチラシなどに、お店のSNSのQRコードなどを掲載して、オープン前でも貪欲にフォロワー数を増やしていけるように努めましょう。

>>>> 配信する内容はオープンまでのストーリー

オープン前にフェイスブックなどのＳＮＳを開設した際は、まずは「お店のコンセプト」を発信しましょう。「○月○日にオープンする○○です。コンセプトは○○です」という具合です。

次に、ぜひチャレンジしていただきたいのは「お店がオープンするまでのストーリー」を配信することです。ＳＮＳは写真と文章を両方掲載することが可能なので、完成イメージ図→内装工事が始まった様子→内装工事の進捗→備品が入った様子など、ＳＮＳを見ている人に完成までの期待感を演出しましょう。もし、サービス内容が決まっていれば、価格と併せて発信するようにしましょう。自信のあるサービスについては動画で紹介するとイメージをつかみやすくなり効果的です。

>>>> ＳＮＳの利点は「囲い込み」「リアル配信」

これはオープン前も、オープン後も同様のことが言えますが、ＳＮＳの最大の利点は

「フォロワー」を増やすことで見込み客や既存客を囲い込みできる点です。そして、囲い込んだ人達に「無料でリアル配信」できる点にあります。今まではDMなどお金や手間のかかる方法で配信していたものが、手軽にできるようになったのです。このことを考えても、SNSを使わない手はないのですが、情報発信や更新がされなければ、全く意味がありません。SNSはリアルタイムでフレッシュな情報が発信されて初めてSNSが活きてきます。

また、基本的にSNSで発信できる情報量は無限大です。オープニングスタッフの募集を行うこともできますし、フォロワー限定特典を打ち出すことも可能です。ヘアケアのワンポイントアドバイスがあっても魅力的でしょう。

>>>> コメントの返信は早めにする

SNSはフォロワーなど閲覧した人からコメントが来ることがあります。リアルタイムという点で言えばコメントへの返信の早さもSNSでは大切になりますので、すぐに返信するようにしましょう。

このようにSNSはオープン前にも活用できることが多いです。開設自体は難しくありませんので、ぜひチャレンジしてみましょう。

主なSNSの利用率

平成29年 主なソーシャルメディア系サービス/アプリ等の利用率（全年代・年代別）

	全年代(N=1500)	10代(N=139)	20代(N=216)	30代(N=262)	40代(N=321)	50代(N=258)	60代(N=304)	男性(N=757)	女性(N=743)
LINE	75.8%	86.3%	95.8%	92.4%	85.4%	67.1%	39.8%	72.4%	79.3%
Facebook	31.9%	21.6%	52.3%	46.6%	34.9%	26.7%	10.5%	33.7%	30.0%
Twitter	31.1%	67.6%	70.4%	31.7%	24.3%	16.3%	5.9%	32.9%	29.3%
mixi	4.3%	3.6%	8.8%	5.3%	5.3%	2.7%	1.0%	4.5%	4.2%
Mobage	4.9%	9.4%	10.2%	5.0%	4.7%	3.1%	1.0%	6.5%	3.4%
GREE	2.5%	2.9%	4.6%	2.7%	2.5%	3.1%	0.3%	3.0%	2.0%
Google+	23.7%	20.9%	25.5%	24.8%	31.5%	25.6%	12.8%	25.9%	21.4%
YouTube	72.2%	93.5%	94.0%	87.4%	80.4%	64.0%	32.2%	74.9%	69.4%
ニコニコ動画	18.9%	31.7%	34.7%	18.3%	15.3%	16.7%	7.9%	23.1%	14.5%
Snapchat	2.1%	5.0%	9.3%	0.8%	0.3%	0.0%	0.7%	1.3%	3.0%
Instagram	25.1%	37.4%	52.8%	32.1%	23.7%	14.7%	4.3%	19.4%	31.0%

（出典）総務省情報通信政策研究所「情報通信メディアの利用時間と情報行動に関する調査」

主なSNSの特徴

	LINE	ツイッター	Facebook	インスタグラム
日本におけるメインユーザー	10～50代	10～20代が大半	20～40代	10～30代
	全体的に利用率が高く、幅広い層が活用	男女ともに若年層の利用率が高い	アラサーアラフォー世代の利用が多い	20代の利用者が多く女性が多い
一般的な利用	連絡をする	他人に対して「つぶやき」をする	日々の出来事などを投稿する	写真を投稿する
第三者拡散力	小	大	中	中
投稿できるもの	・文章 ・写真 ・リンク先URL	・文章（長文NG） ・写真 ・リンク先URL ・ハッシュタグ	・文章（長文OK） ・写真 ・リンク先URL ・ハッシュタグ	・必ず写真が必要 ・文章（長文OK） ・ハッシュタグ
ビジネス活用	消費者向け	消費者向け	消費者・事業者向け	消費者向け
ビジネス用途	リピーター集客	新規開拓	リピーター集客 新規開拓	新規開拓

オープン前の仕掛けから、フォロワーを集める

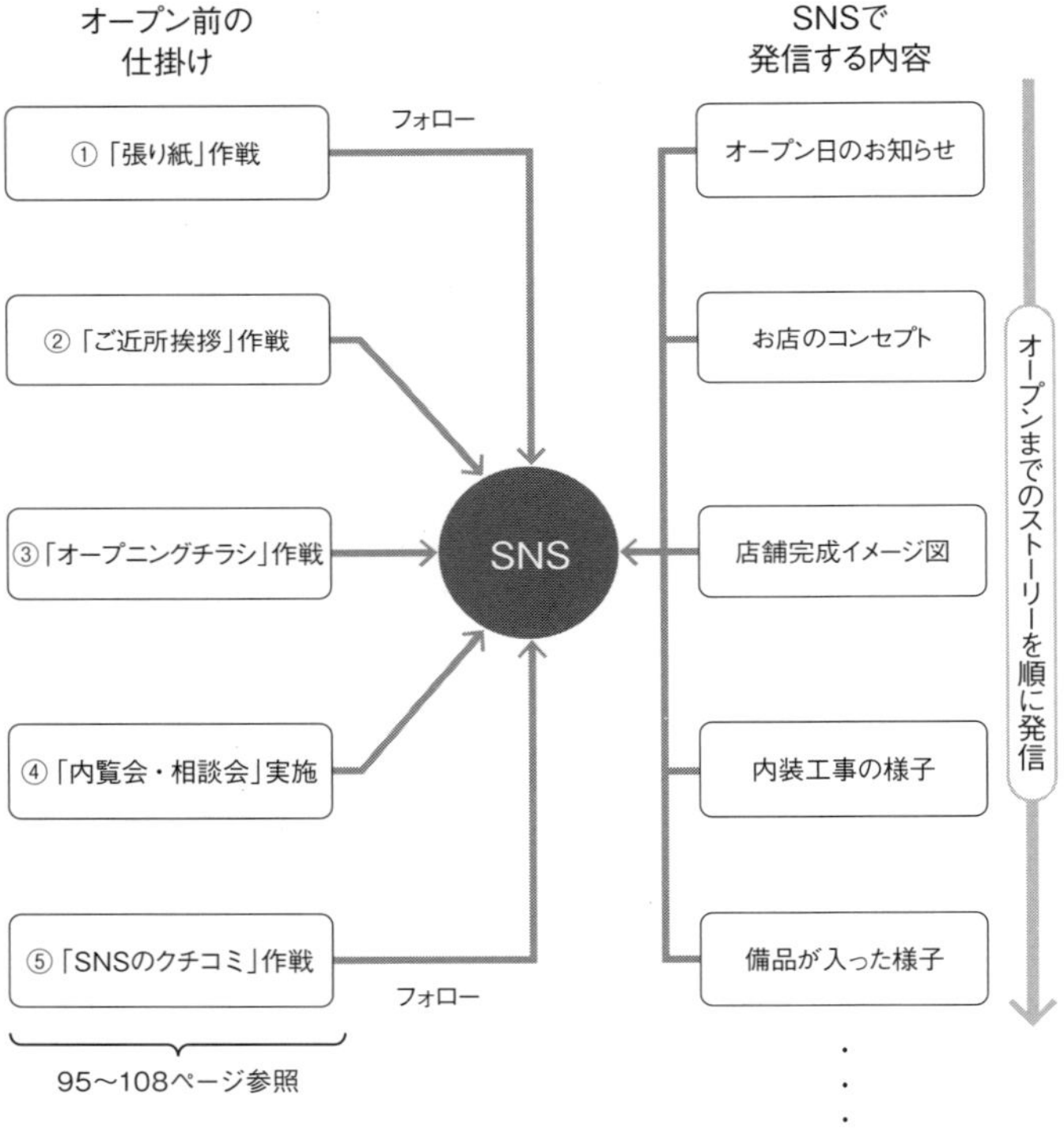

5 開業前に集客の仕掛けをしよう

>>>> オープン時はクチコミされやすい

内装引き渡しも完了すると、いよいよ開業です。しかしいきなりオープンしても、周辺地域にお店の認知ができていなければ、その後の集客に困ってしまうということがよくあります。そこでオープン前に集客の仕掛けをします。人間は新しいもの・珍しいものに敏感で、特に「話題性」のあるものには食いつきやすいです。美容院がこのような状況を作り出せるのは、オープンの時しかありません。これから新規のお客様を集客するには、オープン時にアピールすることが重要なのです。

特にその中でも「オピニオンリーダー」と呼ばれる「クチコミ」を積極的にする人や、仲間の中で強い影響力を持つ人をオープン時に取り込むのが理想です。わかりやすく言うと、「新しい情報や流行に敏感で、自ら情報を発信することが好きな人」です。といっても、ひと目で誰がオピニオンリーダーなのかはわかりません。そこでオープン前にあらゆる仕掛けをすることが重要になります。

>>>> オープン前に仕掛けをする

オープン前からより多くのクチコミを発生させるために、仕掛けをします。その仕掛けは、次の通りです。

①「張り紙」作戦
②「ご近所挨拶」作戦
③「オープニングチラシ」作戦
④「内覧会・相談会」実施
⑤「SNSのクチコミ」作戦

オープン前の仕掛けから クチコミへつなげるイメージ

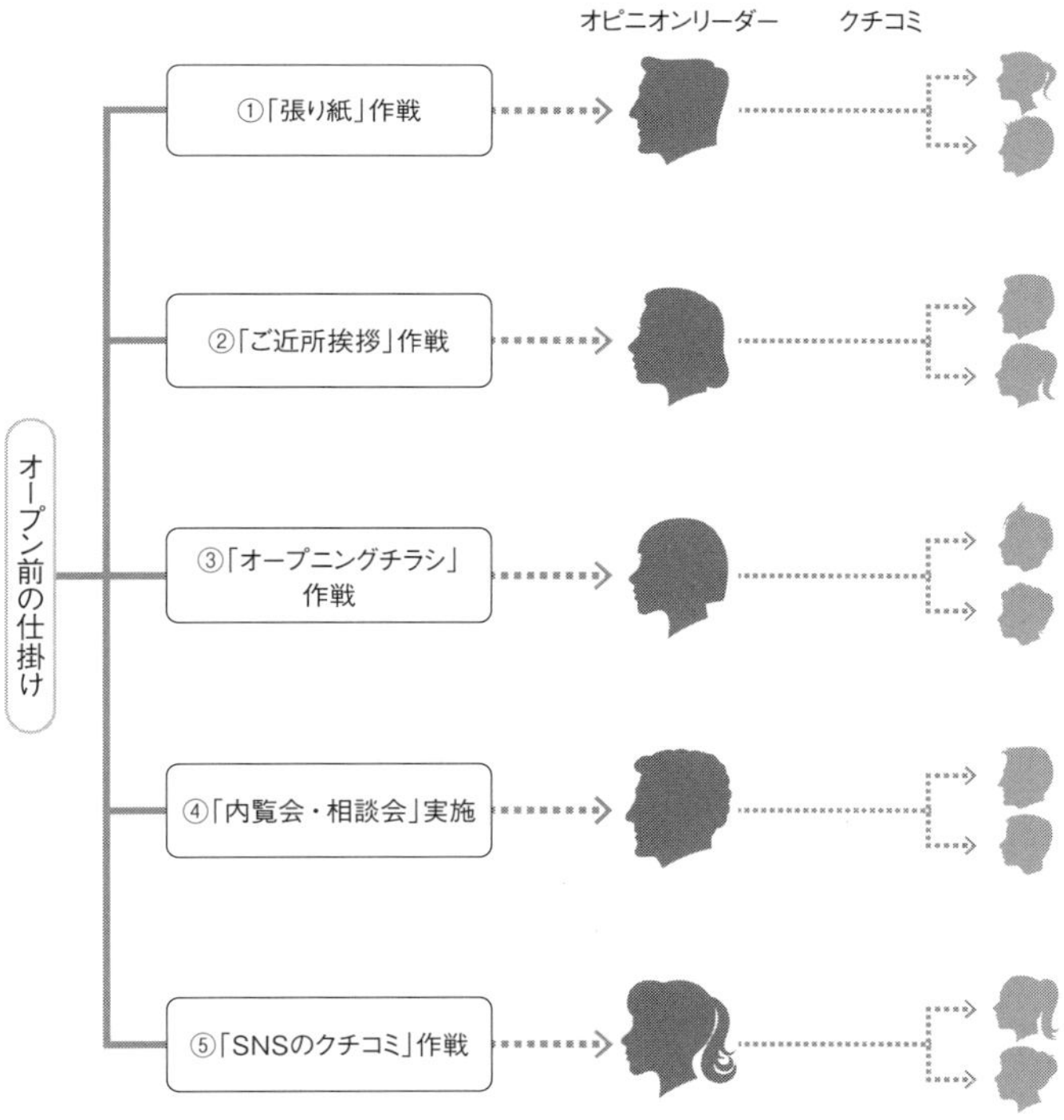

6 開業前の集客①「張り紙」作戦

「張り紙」作戦は、「テナントを契約」した後から始めることができる簡単な仕掛けです。テナント契約後、内装工事が始まると周辺地域の人達は「何ができるのだろう?」と興味を持ち始めます。その好奇心をつくのが張り紙作戦です。

>>>> 張り紙に記載する内容

張り紙の記載は「手書き」で構いません。最低限記載しておきたい内容は次の通りです。張り紙を見ると思われる周辺地域の人とは、今後長い付き合いになります。そのため親しみやすさや、店主の人柄が伝わるような文面が理想です。また、必ず「内覧会」を誘導する文面にしましょう。

「お店のコンセプト」
●「お店の名前」と「店主の名前」
●「内覧会実施日」と「オープン予定日」
●「工事の間ご迷惑をおかけします」のひと言
●工事進捗状況を伝えるサイトの「QRコード」

>>>> 興味を持ってもらうことが大切

前述したように話題性や新規性を求める人を巻き込むためには「工事の進捗」を発信することを考えましょう。店舗完成までのストーリーを伝えるのです。伝え方は「フェイスブックページ」や「インスタグラム」などのSNSや「ブログ」があります。URLはQRコードを作成して張り紙に貼ります。QRコードは「無料QRコード作成」とインターネットで検索すれば、作成できるサイトが出てきます。

このように「張り紙」作戦は親しみやすく興味を引き立てるよう工夫して作成し、より多くの周辺地域の人達を巻き込むイメージで取り組んでみましょう。

4月4日にオープンします!
カット&
パーマ
割引券
プレゼント!!
QRコードを

7 開業前の集客②「ご近所挨拶」作戦

張り紙作戦は、基本的にお店の前を通りかかった人達を対象にしています。そのため、周辺地域の人達全員にお店のオープンや内覧会の案内が行き届いたわけではありません。より多くの人達に内覧会に来てもらうためには、こちらから出向いて積極的にアピールすることが大切です。そこでご近所へ簡単な挨拶回りを実行しましょう。

>>>> 挨拶とポスティングを実行する

ご近所へ挨拶に回る際の注意点は、いわゆる一般的な「飛び込みの営業マン」に間違われないようにしましょう。そのために挨拶回りで必要なことや準備しておくものは次の通りです。

① 挨拶文+特典付
② ちょっとした手土産
③ 封筒

>>>> 営業トークはスタッフに統一させる

①～③を持参し、いざご近所訪問ですが、挨拶回りをするときは、必ず事前にスタッフ全員に挨拶方法を統一させます。

内覧会へお誘いするのが目的ですが、挨拶は「ご近所への引っ越し挨拶」という感覚で行くと悪いイメージを持たれにくいです。また不在の場合は、封筒に次のような挨拶文などを入れてポストに投函しておきましょう。

「○月○日に○○町に美容院を開業させていただくことになりました○○（名前）です。これからこの地域でお世話になりますので、お気持ちですが、受け取っていただければと思います。また工事などでいろいろとご迷惑をおかけするかもしれませんが、よろしくお願い致します。」

ご挨拶文の例

ご近所の皆様へ

「美容室MORITA」オープンのご挨拶

私は、この地域で「美容室MORITA」を**2018年4月4日(水)**よりオープンする運びとなりました代表の磯貝常太と申します。地域の皆様には、店舗の工事中は、騒音等でご迷惑をおかけしました。失礼ながら、ご挨拶をポストに投函させていただきました。

当店は、お客様が癒されるお店作りを目指して開店の準備を行ってきました。これまで培った技術や経験を活かし、お客様にいっそう喜んでいただけるようなサービスに努めて参ります。これから地域に愛されるサロンになれるように励んでいきたいと思っています。

2018年3月23日(金)～25日(土)に内覧会を行います。
ご来店いただいた方には、**粗品をご用意**しています。
ぜひ、ご来店ください。
よろしくお願い致します。

〒446-0051
愛知県安城市箕輪町半夏1番地2
美容室MORITA
http://www.shien-morita.com/
TEL 0566-74-3377

QR

※裏面にメニュー、金額を載せましょう。

8 開業前の集客③「オープニングチラシ」作戦

これまで内覧会に集客するために「『張り紙』作戦」「『ご近所挨拶』作戦」を説明しましたが、次は「『オープニングチラシ』作戦」です。張り紙やご近所挨拶が、美容院の半径2~3キロ程度の集客方法であるのに対して、オープニングチラシはもう少し広範囲からの集客であると思ってください。そのため、今までのようなスタッフによる挨拶回りや手配りなどの配布方法と違ってきます。

>>>> 広範囲への訴求は「外部委託」が基本

広範囲から内覧会への集客をする場合、手配りだと大変なので、基本的には新聞店やその他の折込み業者に外部委託するのが基本です。おおまかな流れは、オープニングチラシを作成したら、広範囲へ配布できる外部の業者にチラシを持ち込んで折込んでもらうという順序です。

広範囲へチラシを配布する方法は以下の通りです。

①「新聞店」に折込み配布を依頼
②「ポスティング業者」に配布を依頼
③「地元フリーペーパー」に折込み配布を依頼
④「その他折込み業者」に配布を依頼

>>>> オープニングチラシに記載する内容

オープニングチラシはより広範囲に、より多くの人に見てもらうものです。「店主の顔写真と挨拶文」「お店のコンセプトと特徴」「店内写真」「内覧会の日程と案内」「来店特典」「サイトやSNSのQRコード」は、必ず掲載するようにしましょう。

オープニングチラシの例

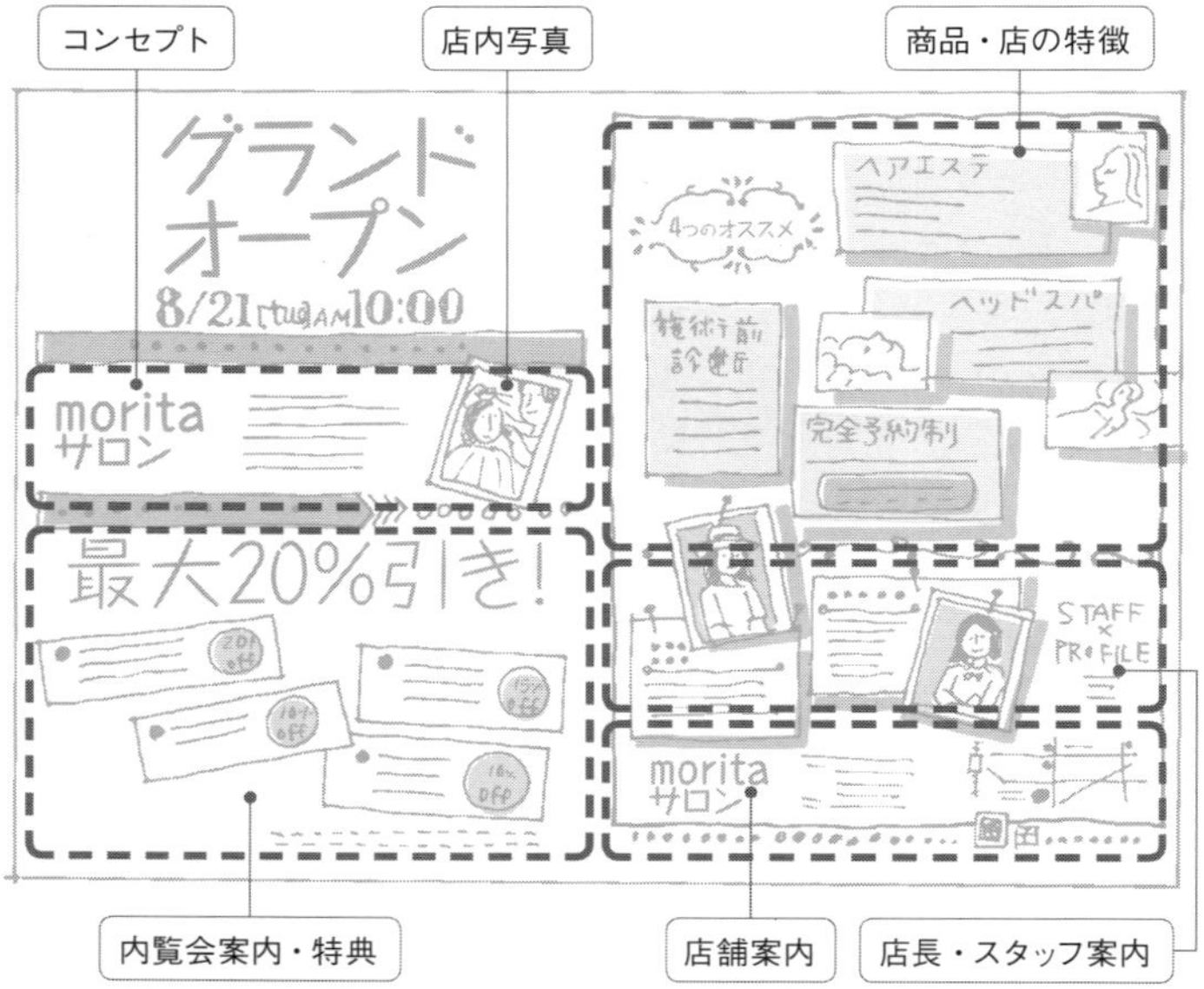

オープニングチラシで掲載する内容

・店のコンセプトや特徴（他店との違い）
・店主の紹介（写真とコメント）
・スタッフの紹介（写真とコメント）
・内覧会の案内と来店特典
・店舗内の写真
・店舗情報

「ご近所挨拶作戦」との違い

・店舗周辺へアピールするのが「ご近所挨拶」で、ご近所への挨拶文とともにオープニングチラシを同封してもいいでしょう。営業というよりも近所づきあいを大切にしたご挨拶という感じです。
・広範囲の不特定多数の人へアピールする際は、オープニンググチラシだけでも良く、ご挨拶というよりは、営業の感じが強いとイメージしましょう。

9 開業前の集客④「内覧会・相談会」実施

「『張り紙』作戦」「『ご近所挨拶』作戦」「『オープニングチラシ』作戦」を経て、いよいよ「『内覧会・相談会』実施」の段階に入ります。

>>>>「内覧会・相談会」の目的

「内覧会・相談会」の主な目的は、

①実際に来店してもらい来店しやすくする
②機器やサービスなどを紹介して他店との違いや売りをアピールする
③相談会を実施し、次回の来店につなげる
④お客様の名前・住所・メールアドレス等を収集する

ということが挙げられます。この日を皮切りに本格的な美容院経営が始まるわけですから、非常に重要な日となります。内覧会に来てもらうためには「美容ケア商品」などターゲットのお客様が好みそうなものを必ず準備し、お土産として配布しましょう。また、スタッフに余裕があれば「相談会」を開催するようにし、来店したお客様の悩みを解決できるよう助言をします。その際当店でケアすることで悩みが解消することを伝え、次回の予約につなげます。

名前などの収集方法

内覧会で重要となるのが、来店したお客様の個人情報です。昨今は個人情報の取り扱いが厳しくなっており、収集するには工夫が必要です。例えば来店したら必ずもらえる「美容ケア商品」をあげる前に、簡単な「アンケート」にご協力いただくことで、それと引き替えに景品を渡すという方法も良いかと思います。何かお客さまにとってメリットがあることと交換するという視点で考えてみましょう。収集したお客様に対しては「お礼状と次回使えるクーポン券」などを添えて、感謝の気持ちを伝えるとともに次回の来店につなげましょう。

第6章

既存客を再来店させる方法

1　売上の仕組みを知ろう

前章までは、オープンまでにおける準備や集客方法についてまとめてきました。いよいよここからは、オープン後の集客方法をご紹介します。集客といっても、むやみやたらと集客の施策を打っていても効果がありませんし、無駄なコストをかけてしまうだけになります。そこで、まずは売上を上げるために、売上を分解して考える方法をご紹介します。

>>>> 基本は「売上＝客数×客単価」

売上を構成する要素は、大きく分けると2つです。「①客数」「②客単価」になります。この2つをかけ算して、売上は構成されています。つまり売上を上げるには、この2つのうちのどちらかを上げればいいということになります。来店頻度をかける場合もありますが、シンプルに、客数と客単価の2つを考えればいいでしょう。

>>>> 「客数」を上げるにはどうするか

売上を上げるために「客数」を上げる取り組みをしたい場合、「新規客」を集客したいのか、

「既存客」を再来店させたいのかを考えましょう。新規客とは自分のお店を知らない人ですが既存客は既にサービスを受けたことのある人です。そのため、この両者に対する集客方法は取り組み方が変わってきます。しかし、このことを考えずに集客活動をしてしまう場合が実際には多くあります。例えば立派な折込チラシを作成しても、新規客と既存客のどちらを集客したいか決まっていなければ、チラシに載せる内容がぼやけてきますし、折込む範囲も広がって無駄なコストが発生することになります。

ですから、客数を上げる取り組みをしたい場合は、必ず「新規客」「既存客」どちらに狙いを定めた取り組みなのかを、はっきり決めて集客活動をするようにしましょう。

>>>>「客単価」を上げるにはどうするか?

売上を上げるために「客単価」を上げる取り組みをしたい場合は「買上点数」を上げるのか「単価」を上げるのかを考えます。「買上点数」とは1回の美容院来店でいくつ買い物をするか(サービスを受けるか)だと思ってください。一方で「単価」は1品あたり(1サービス当たり)の値段のことです。

例えば、1回の来店で5000円のカットのサービスを受ければ、「買上点数1つ」×「単価5000円」で、客単価は5000円になります。別の例を挙げると、2000円のシャンプーを2つ購入すれば「買上点数2つ」×「単価2000円」で客単価は4000円になります。

つまり、「客単価」を上げたい場合は、「買上点数」を上げるのか「単価」を上げるのかを考えなければならないということです。

しかし、注意していただきたいのは、「買上点数」を上げるために、むやみやたらと「営業」しても、お客様に不快な思いをさせてしまうだけでしょうし、「単価」を上げたいためにを急に1品あたり（1サービス当たり）を値上げしてもお客様がびっくりされて、来店を敬遠させてしまう可能性があります。

このように、集客活動をする際は「客数（新規客を増やすか既存客を増やすか？）」と「客単価（買上点数を上げるか単価を上げるか？）」の、どの取り組みを強化するのかを事前に考えて取り組むようにしましょう。

売上を上げるには、売上を分解して考えることが大切

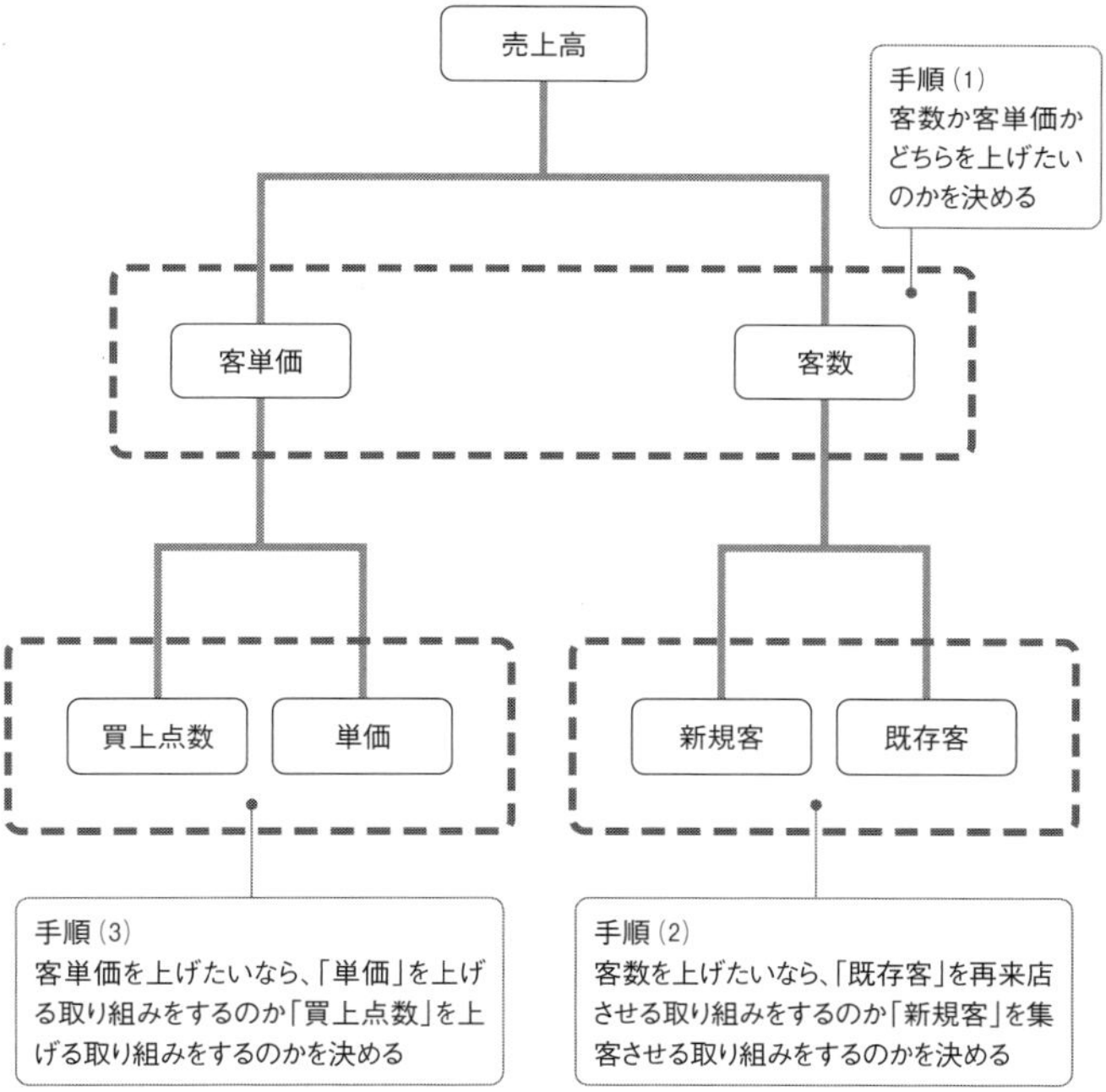

2 感謝の手紙（サンキューレター）の活用方法

前述したように、美容院で売上を上げるには、「①客数」を上げるか、「②客単価」を上げるか、になりますが、ここでは「客数」を上げる方法をお伝えします。その中でも「新規客」を再来店させる取り組みをご紹介します。

>>>> 新規客には「感謝の手紙」を送る

初めて来店した新規のお客様を今後も継続的に再来店させるには、いかに「2回目の来店」につなげられるかが重要になってきます。というのは、2回目に来店したお客様は「1回目にお店の印象がよかった・または不満がない」から来店してくれているわけで、3回目も利用する可能性がグッと高くなるのです。つまり、とにかく2回目につなげられる取り組みと、好印象を持たせることがポイントになってきます。

そこで、新規のお客様には「感謝の手紙」を書いて送るようにします。髪を切った担当者が直々に手書きで書くようにして、来店してくれたことに対するお礼と、今後のケアに対するアドバイス、または来店時の会話の続きなど、お客様一人ひとりに合わせた手紙を送るのです。そうすることで、お客様にはお店の気持ちを伝えることができますし、好印象を与えることができます。手紙を送るタイミングは、来店の翌日には送るようにします（ためて書くようにせずにルーティンワークにすることが大切です）。

この「手紙を手書きで書く」行為は手間です。手間ですが、きちんと心を込めて書くことが、他店との差別化につながり、またお客様との関係性を築く第一歩になります。儲かる美容院はこのような地道な取り組みを一歩ずつ行って再来店につなげているのです。

感謝の手紙の例

VERANDA.

先日は、veranda.へご来店いただき
まして本当にありがとうございました。

外国人風カラーへカラーチェンジさせて
もらいましたが、透け感をかんじて
いただけましたか。
次回もぜひご来店下さい。

62
NIPPON 日本郵便

veranda
veranda [ベランダ]
〒444-1154 安城市桜井町新田54
TEL/FAX 0566-78-1107

（223ページ事例参照）

3 ニュースレターで情報発信しよう

既存のお客様に対して、定期的に郵送するニュースレターは、お客様の再来店に活用することができます。ニュースレターは作成する手間や、郵送する手間もかかりますが、その分、お店の独自性を発揮しつつ、お客様と密なコミュニケーションが可能となります。

>>>> カテゴリを決める。方法は手書きでもいい

ニュースレターはパソコン作成でもいいですが、パソコンを触れないスタッフがいる場合は、手書きでも問題ありません。記載する内容は、まず大きくカテゴリを決めます。

例えば「スタッフ近況」「新サービス案内」「髪にまつわるケア情報」「その他お得情報」「お客様の疑問に答えるコーナー」などです。大きくカテゴリを決めておいて、ニュースレターを作成するたびに、カテゴリごとに内容をスタッフに記載してもらうようにします。例えば「スタッフ近況」のカテゴリは、5月Aさん担当、6月Bさん担当という具合です。

手間がかかる作業ですが、ニュースレターが楽しければもらったお客様は読む可能性が高くなります。「次回使えるクーポン」などを盛りこんでも手にとって見てくれる可能性は

高まります。

>>>> フェイスブックでも代用が可能だが……

最近はメルマガを発行する企業も減り、フェイスブックで定期的に情報発信することで代用する企業も増えています。美容院のニュースレターもフェイスブックで代用は可能ですし、使用している美容院も多いです。

しかし、ニュースレターをやっていない美容院が減っているからこそ、実行すれば差別化につながります。ネットやＳＮＳが普及して情報発信の方法も多様化していますが、独自性を発揮できるニュースレターを活用してみてはいかがでしょうか。

ニュースレターの例

月刊○○○美容院ニュース
○○○美容院スタッフの近況やオススメスタイル、お得な情報を隔月で発行中！
vol 3
オーナー日記
アメリカへ海外研修へ行ってきました！
先日、海外研修へ行ってきました。アメリカの流行の最先端がどのようなものなのか生で体感してきました。日本の技術は世界トップレベルだと言われてますが、海外にも素晴らしい技術を持ったスタイリストさんがいますので、とてもイイ勉強になりました！海外の流行を取り入れたヘアスタイルも今後提案していきたいと思ってますのでお楽しみにしていてください！
名前：美容　太郎
<今年の冬オススメのヘアスタイル>
今年のイマドキヘアはコレ
「大人の透明感あるミディアム」スタイル！！
今年のトレンドに取り入れたいのが・・・
○○。
○○○美容院
住所：〒○○○-○○○○
愛知県○○○○○○
電話：○○○○－○○○
営業時間：9:30〜19:00
休み：毎週月曜日、火曜日
駐車場：7台完備
アドレス：○○○○
習に奮闘中！
の美容花子です。最
けて日々練習してい
今年は優勝目指し
などはまたお話させ
ワンポイントアドバイス
ヘアアレンジは動画をチェック
当店ではヘアアレンジの方法をYouTubeにアップしています。カワイイお団子ヘアの作り方や、ちょっとしたパーティなどで使えるアレンジヘアなど随時アップしてますので、お気軽に使ってみてください！
スタイリングのご質問があればコメント欄に書いてもらえばお答えしますよ！
お団子を作りたい位置で一つに結びます
新商品のご紹介
先月新商品「○○○○」が発売されました。
ヘアカラーされた髪を集中ケア出来ます。カラーの色持ちもよく、家庭で簡単にケアできる商品です。また天然素材で地肌に優しく敏感肌の方にもオススメです。
休日カレンダー
10月
11月
お知り合いの方をご紹介ください！
技術料10％OFF
当店では、お知り合いの方をご紹介いただくと、お知り合いの方と紹介していただいた方にも、技術料010％OFFさせていただきます。

4 スタンプカード&VIPカードの活用方法

売上を上げる取り組みのうち、「客数」を上げる方法に、既存のお客様を再来店させるという方法があります。お店に明確な不満があり離反したお客様は再来店させることが難しいですが、そうでないお客様は、店側が積極的に手を打つことで再来店につなげることが可能です。

競争が激しい美容業界では他店がお客様を奪うような取り組みを日々行っています。これらの取り組みに対抗するためにも再来店の取り組みは実施した方がいいでしょう。

>>>>「スタンプカード」を活用

スタンプカードは、来店のたびにスタンプを押していくシステムで、何度も通ってもらうことで特典がもらえる仕組みです。「特典」が再来店させるきっかけとなります。カードとスタンプを準備するだけなので低コストで取り組むことが可能です。また常に財布に入っていることで美容院のことを想起させる狙いもあります。サービス業で昔から活用されている単純な仕組みですが、取り入れていない美容院と比較した場合、特典がある方が

お客様にとって価値があるのは間違いありません。（224ページ事例参照）

>>>>「VIPカード」を活用する

売上の8割は上位2割のお客様に依存しているという法則があります。美容院でもこの考え方のとおり、何度も来店してくれているお客様や売上高が高い数パーセントの上位層のお客様がお店の売上を作っています。

スタンプカードのようにある一定の来店回数で一律に特典がもらえる制度では、来店頻度の高いお客様には特別な特典が与えられません。そこでVIPカードを活用します。

VIPカードは、ある一定の売上金額を達成した上位顧客にのみ発行されるカードと思ってください。サービス内容は自由ですが、お客様がVIPカードをもらえるまで来店したいと思わせるような内容が良いでしょう（182ページ「1客の上位層へアプローチする方法」も参考にしてください）。

スタンプカードの例

表面

裏面

VIP カードの例

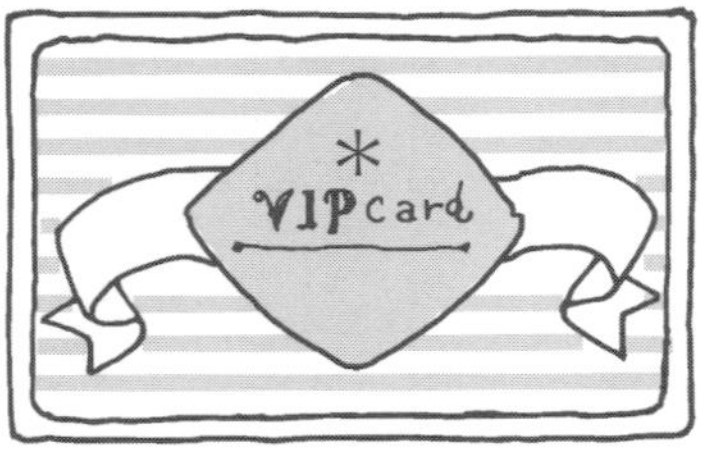

5 次回の予約を確実に取ろう

>>>> 次回の予約を必ず取ってもらう

既存客を再来店させる方法に、お客様が帰られる前に次回の予約を取ってもらう方法があります。次回予約を確約させることで離反を防ぐことができます。常連客の多い美容院はこの仕組みが導入されていることが多いです。

>>>> 提案する形で次回の予約日を決める

次回の来店予約を勧める際は、提案する形で話をするといいでしょう。例えば「前回来店から何日経過し、髪がどういう状態になったか」を説明し、それを受けて「次回はいつ頃予約した方がいいかを提案する」というような流れです。

または会話の中から数カ月先のイベント（結婚式や同窓会参加など）がないかを聞き取り、「○○日までに来店した方が良い髪型が保てますよ」と提案するなど、各お客様に沿ったベストな次回来店日を提案するといいでしょう。

次回の予約をしてもらう仕組みは、初めて来店したお客様には抵抗がありますが、この提案方法を用いることで比較的自然な流れで次回予約を取ることができます。お客様の求める髪の状態がどれだけ保てるか？　一般的な話でいいので、日数を伝え次回来店日の目安を伝えましょう。

また初来店のお客様限定で「予約すると使える次回割引券」を発行するのも有効です。一度予約を取れれば、心理的にも他店への変更は行いにくくなります。（２２４ページ事例参照）

>>>> 予約日が近づいたら連絡をする

予約日が近づいたらできる限りお知らせをしましょう。初回来店時に住所やメールアドレス、電話番号を頂いていればＤＭやメールで予約をしていることをお知らせできます。できれば手書きのはがきが良いですが、お知らせという目的だけであればメールでも十分です。

次回のご予約は…
10月×日に

「そろそろ予約日ですが…

6 LINE@を活用して集客しよう

お客様を継続的に来店させる方法で近年増加しているのが「LINE@」というSNSです。個人間で日常的に使っている「LINE」で、お店とお客様とのやりとりをするのが「LINE@」です。他のSNSであるフェイスブックやツイッターは、お客様自身がサイトにアクセスする手間がありますが、LINE@は日常的に使っているLINEにお店から通知が来るため、お客様の負担は少なく、情報をリアルタイムに発信できます。

①予約キャンセルによる「空き」を伝える

LINE@でまず使えるのが「予約キャンセル」が出たことを知らせることです。急なキャンセルが出た場合、LINE@を使ってお客様のLINEに「空き」が出たことを伝え、「空いた時間に予約したい人がいればお店までお電話ください」と伝えます。実は「すぐに髪を切りたい」という要望は多く、キャンセルによる空きを発信することは需要があります。予約が埋まったら「予約いただきました。ありがとうございます」と再びLINEで伝えるようにしましょう。

空き状況を発信する

① 1週間先の空き情報を発信する

② 空席を埋めることができる

直前のキャンセル情報を発信する

① 直前のキャンセル情報を発信する

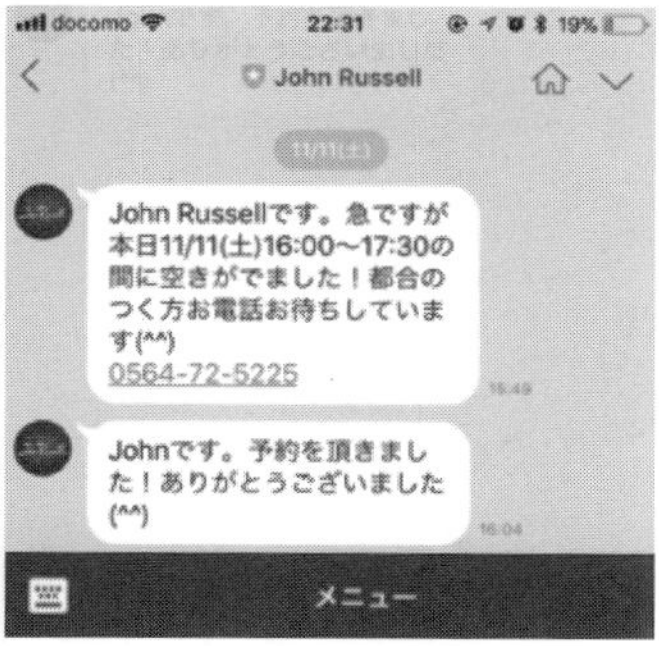

② 空席を埋めることができる

(224ページ事例参照)

②キャンペーンやお得情報を伝える

お客様にとってメリットが無ければＬＩＮＥも見られなくなります。ＬＩＮＥ＠を登録しているからこそ得られる「キャンペーン・お得情報」などを発信して、お客様が喜ぶような情報を発信しましょう。

③他のSNSと差別化する

他のＳＮＳにもお店のアカウントがある場合は、どのように使い分けるかあらかじめ決めておきましょう。例えば「ＬＩＮＥ＠はキャンセルの空き状況やキャンペーンを発信し、「フェイスブックは日々の出来事を伝えるブログ的なもの」という具合です。きちんと説明を添えて訴求するようにしましょう。

>>>LINE@開始～情報発信までの手順

①LINE@のアカウントの作成

まずはＬＩＮＥ＠のアカウントを作成します。発信できる回数に制限があり、制限を超えると月額がかかりますが、最初は無料の範囲で十分に始められます。ウェブで「ＬＩＮＥ＠アカウント作成」で検索すれば出てきますので、手順に従って作成しましょう。

②友達（登録者）を集める

申請が終わると「お店のLINE@」ができ上がり、あとはこのお店のLINE@に友達（お客様）を増やしていきます。前述したとおり、お客様にとってメリットがないと友達登録してくれません。例えば「お得な情報を配信するので、友達登録してください」「登録していただいたら、500円割引にします」という具合に誘導しましょう。その際、登録がしやすいように登録専用のQRコードを載せたカードなどを作成しておくと便利です。

③情報を発信する

LINE@は情報を発信する方法に「トーク投稿」と「タイムライン投稿」の2種類があります。「トーク投稿」は日常的に使っているLINEのトーク画面と同じように投稿されます。そのため登録したお客様に読まれる可能性は高いです。一方「タイムライン投稿」は掲示板のようなもので、トーク画面と比較したら読まれない可能性もあります。しかしタイムライン投稿には「いいね機能」があり、お店のLINE@を登録していない人にもシェア・共有させることができる派生効果が期待できます。

店側からピンポイントでお客様に発信したい内容は「トーク投稿」、お客様も含め、より多くの人に発信したい内容は「タイムライン投稿」と分けて活用するといいでしょう。

LINE @の登録方法

① アプリをひらく

② LINEのメールアドレスとパスワードを入力

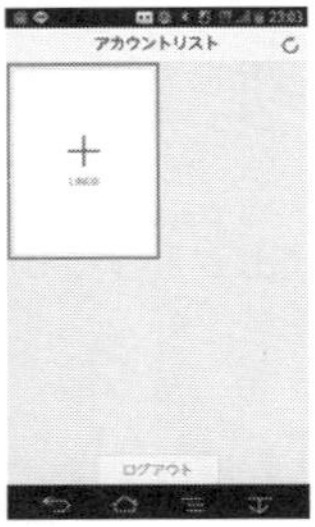

③ アカウントを作成する

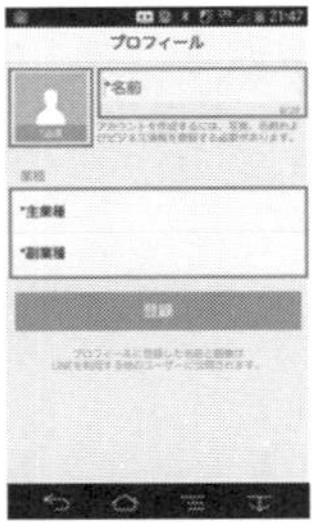

④ 情報を登録する

※LINE@に登録してもらうための訴求カードを配りましょう。

7 来ていない客へDMを送ろう

>>>> しばらく来店していない人の把握

既存客の再来店を考える際「しばらく来ていないお客様」に対する取り組みも検討しましょう。お店に対して何らかの不満があり長期にわたり離反した場合は戻ってくることはないかもしれませんが、特に不満はなく他店の方が魅力的に感じて来店していない可能性もあります。まずはお客様の来店状況を洗い出し、前回来店からしばらく来ていないお客様をピックアップします。その中で来店可能性がありそうな人で、住所を把握できている人には再来店を促すアクションを起こしましょう。再来店を促す場合はＤＭが一般的です。直接電話やメールすることはお客様が嫌がる可能性もあるので避けた方が無難です。

>>>> DMは極力手書きで作成

しばらく来店していないお客様は何らかの理由があって来店をしていません。定型的な印刷されたＤＭなど、相手に何も伝わるものが無ければ再来店は難しいでしょう。よりＤ

Mの効果を出すために、ハガキなどにオーナーや担当者から「お変わりはありませんか？またぜひお越しください」というような文面を手書きで心を込めて書くようにしましょう。前回来店時のメニューを元に、提案なども盛り込んでいくのも効果的です。このようにお客様に直接DMを送る時のためにも、お客様ごとの履歴を残しておくことは大変重要になってきます。（225ページ事例参照）

＞＞＞＞DM持参特典をつける

DMを発送する際は、次回来店時にDMを持参すれば受けることができる特典を必ず付与しましょう。値引きやサービスメニューなど「再来店していただいてありがとうございます」という気持ちで、お客様が「また行きたい」と思えるDMやサービスを検討してみてください。

再来店を促すDMの例

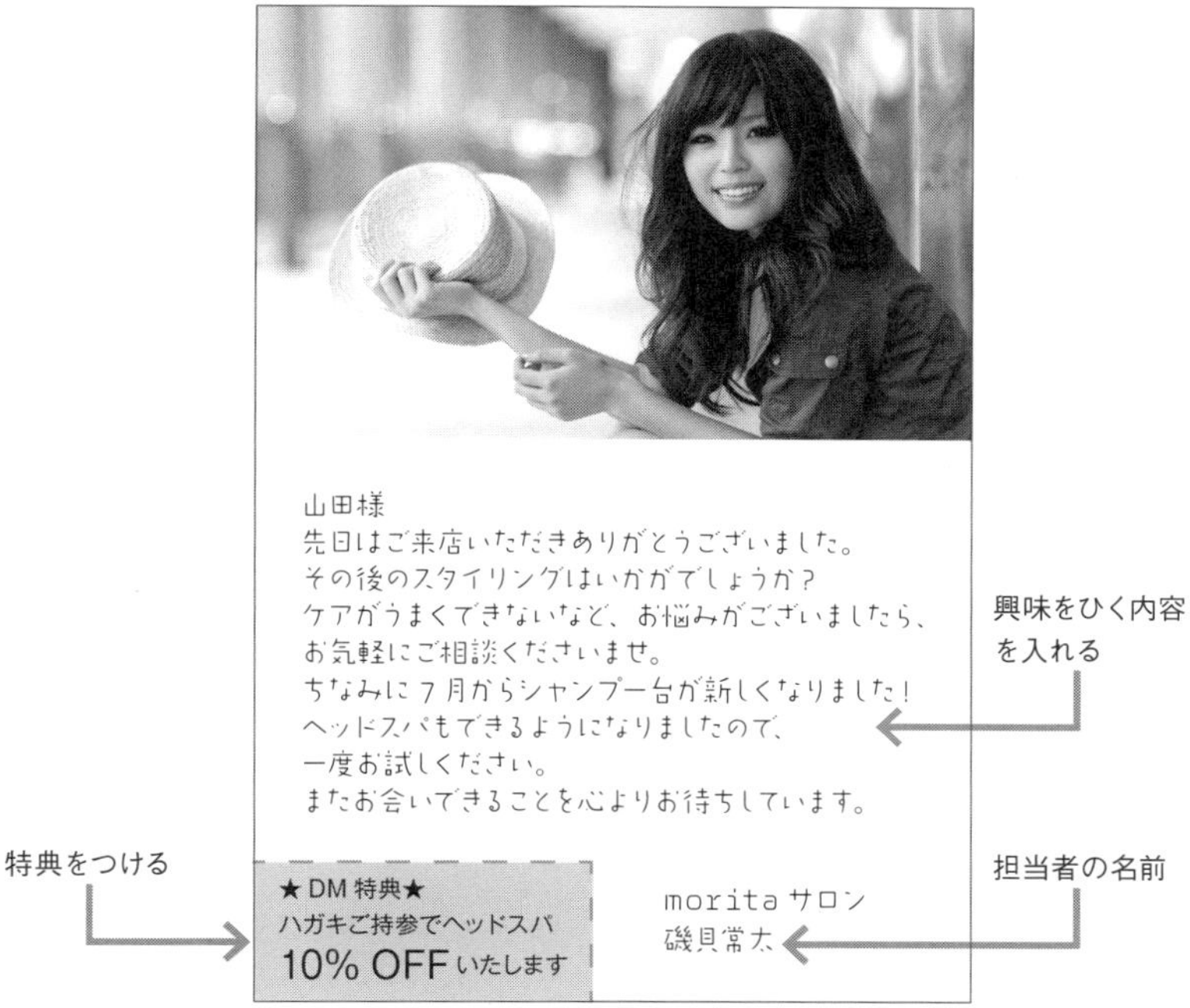
山田様
先日はご来店いただきありがとうございました。
その後のスタイリングはいかがでしょうか？
ケアがうまくできないなど、お悩みがございましたら、
お気軽にご相談くださいませ。
ちなみに7月からシャンプー台が新しくなりました！
ヘッドスパもできるようになりましたので、
一度お試しください。
またお会いできることを心よりお待ちしています。
★DM特典★
ハガキご持参でヘッドスパ
10% OFF いたします
morita サロン
磯貝常太
興味をひく内容を入れる
特典をつける
担当者の名前

第 7 章

新規客を集客する方法

1 紹介カードの活用方法

前章は「客数を上げるために既存客をいかに再来店させるか」という視点でしたが、この本章は、「客数を上げるために新規客をいかに集客するか」という視点になります。

>>>> 信頼性が高い「クチコミや紹介」を狙う

新規客を獲得する方法はさまざまありますが、中でも「クチコミや紹介などから来店した新規客」は、固定客につなげやすい方法です。既にお店を利用したことのあるお客様からのクチコミは信頼性が高いからです。そのため、新規客集客の方法の中でも「紹介やクチコミ」を狙った取り組みは、非常に重要なものと位置づけましょう。

お客様から紹介をお願いする場合、ただ口頭で「紹介して欲しい」とアピールするのは、利己的に感じ不快に思われる場合もあります。そこでお客様自身がぜひ紹介したいと思えるよう、「紹介カード（ご優待券）」を利用します。

>>>> 紹介した側、紹介された側もメリット

この紹介カードは、カードの裏面に「紹介した側」「紹介された側」の名前を記載できるようにして、両者にメリットが与えられるようにします。

繰り返しになりますが「紹介」による新規客の獲得は固定客になる可能性が高く、お店にとって最も価値が高い集客方法です。この紹介カードによる特典はキャッシュバックなど特別なものにしましょう。

ちなみにこの仕組みは「紹介した側」「紹介された側」、だけではなく「お店側」も含めた三者が得をするＷｉｎＷｉｎＷｉｎの取り組みです。全員にメリットがあれば、店側の一方的なガツガツとした営業イメージを排除でき、お客様は紹介者を探す動機を得ることができます。

このように誰も損しない取り組みをすることで、お客様が紹介しやすい環境を作ることが紹介の仕組みには重要になります。

紹介カードの例

ミシン目を入れて半分で
切れるようにしてある

半分は、
紹介カード

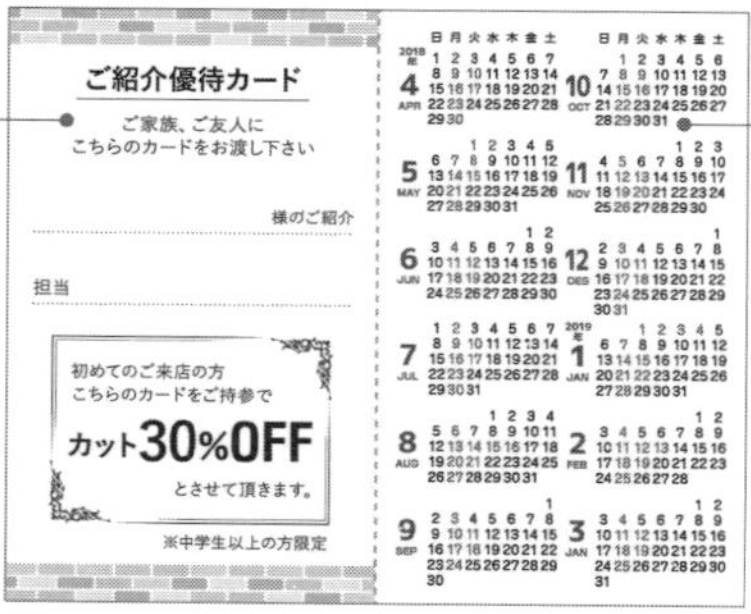

半分は、
カレンダー

（225ページ事例参照）

2 クチコミの仕掛けを作ろう

前述したように新規のお客様を呼び込む方法のうち、「紹介」や「クチコミ」は固定客化しやすいです。その中で「クチコミ」は一般的に勝手に広がっていくものだと考えられていますが、お店側は意図的にクチコミが発生しやすい状況を作っておくことが可能です。

>>>> 「お店案内」でクチコミしやすい状態を作る

クチコミをする人は基本的に「1度以上利用したことがあるお客様」になります。お店側は、紹介者がお店の良さをクチコミしやすいように「お店案内」を作ることが重要になります。

サイズは持ち運びと保管がしやすい「B5で2つ折りや、3つ折りの少し厚めの紙」で作成するといいです（このような媒体は一般的にリーフレットと呼びます）。店案内にはお店のコンセプトや店内の写真、メニューを記載し、クチコミをする紹介者が新規のお客様に対し、お店を説明しやすい状態を作ります。（225ページ事例参照）

>>>> 紹介カード（ご優待券）と一緒に配布する

単にリーフレットを作成しただけでは紹介者はクチコミをしてくれません。そこで前述した紹介カード（ご優待券）と一緒にお客様に配布することでクチコミの発生を狙います。このような取り組みはキャンペーンとして年に数回実施するといいでしょう。

>>>> 店案内は他にも利用可能

店案内のリーフレットは紹介を促す際に利用するだけでなく、飲食店など知り合いの店に設置させてもらうことも可能です。店外に設置する際は、「設置する飲食店のお客様限定特典」という特別感を演出した券をリーフレットに挟んで設置するといいでしょう。

店案内のリーフレットの例

表面

裏面

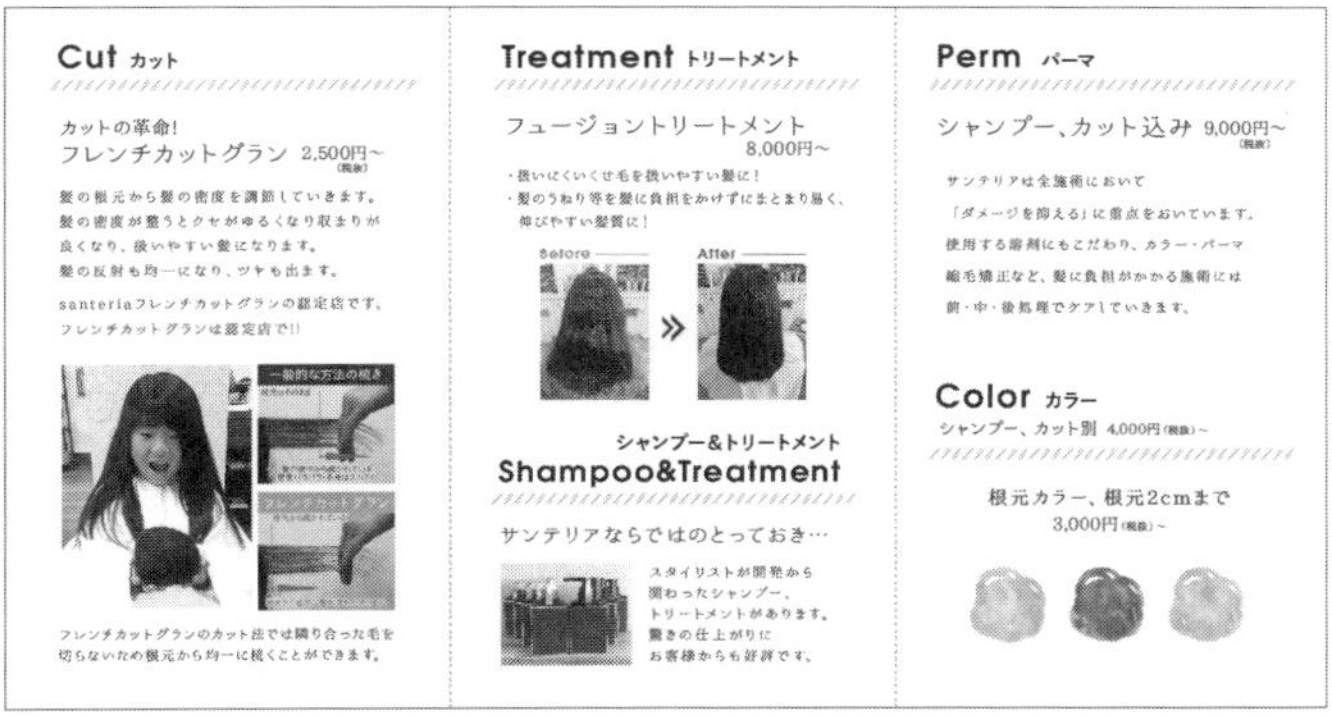

3 外観・看板の活用方法

>>>> 「看板」は必要か?

新規客の集客の方法に「看板」による効果があります。しかし美容院は飲食店のように視認性の高い看板が必要かというと、そうではありません。美容院のお客様は通りがかった人がいきなり来店するわけではなく、大半は最初から入店する目的で来る場合が多いです。そのため、最低限「店名」が見てわかるお店であれば問題ありません。

>>>> 「入りづらい」お店かどうか

最近はオシャレな外観を持つ美容院も多いです。例えば店内の視認性が高いガラス張りの「オープンなお店」や、あえて店内を見せないプライベート空間を演出した「クローズドなお店」など、外観自体がお店のコンセプトを表現していることも多く、それ自体に問題はありません。しかし、後者のように外から店内がわかりづらい店ほど、看板をはじめ、ホームページやホットペッパー、チラシ媒体などで情報をオープンにしていく必要があることを認識しましょう。何も情報が無ければ新規客は入りにくく敬遠してしまいます。また店内が見渡せるオープンな店も、プライバシーがなさ過ぎると逆に新規のお客様が敬遠してしまいます。適度に店内が見えないよう工夫も必要になりますので、定期的に見返すようにしましょう。（226ページ事例参照）

>>>>「A看板（スタンド看板）」は必要か？

店の前の人通りが多い美容院では、A看板が新規客来店に役に立ちます。A看板にはメニューよりも、どのようなお店なのか「コンセプト」を記載するようにした方が効果的です。メニューだけでは他店との違いを認識しにくく、価格で比較判断されてしまう場合があるからです。また天気の良い日であれば、A看板の近くに「お店の案内を記載したリーフレット」を設置し、案内を持っていけるよう工夫するのもいいでしょう。

一方で、店前の人通りが少なく車での来店が多いようなお店は、A看板が直接新規客の集客につながる可能性は低いです。理由はそのお店に来店しようとしている人しかA看板を見ないからです。このような場合にはA看板にメニューやお店のコンセプトを記載しても意味がなく、来店した人に向けたメッセージ性のある内容を記載した方が効果的です。

例えば「新規紹介キャンペーン始まりました」「新しいシャンプー販売スタート」など、季節的なイベントや客単価を上げられる内容を記載すると効果的です。

>>>> 外観だけで新規集客はできない

外観がどれだけオシャレで、A看板がうまく機能しても、それだけで満足する新規集客はできません。外観やA看板などに興味をもった「見込みのお客様」は、より多くの情報を求めて、ホームページやその他媒体を見る傾向にあります。外観による訴求はあくまで来店に至るまでのきっかけにすぎません。新規のお客様を集客するには、それ以上により多くの情報を発信することが必要であると認識しましょう。

>>>> 店外の清掃活動も外観である

店の外がゴミで散らかっているのは論外ですが、最近は毎日店の外を掃除しない美容院も多いです。しかし、「掃除するスタッフの姿」も見る人にとってはお店の象徴であり、その美容院を評価する外観の一部でもあります。店の外がキレイなのは大前提ですが、毎日店外を掃除するという行為も新規集客につながるという意識で日々掃除をしましょう。

一般的な看板の種類

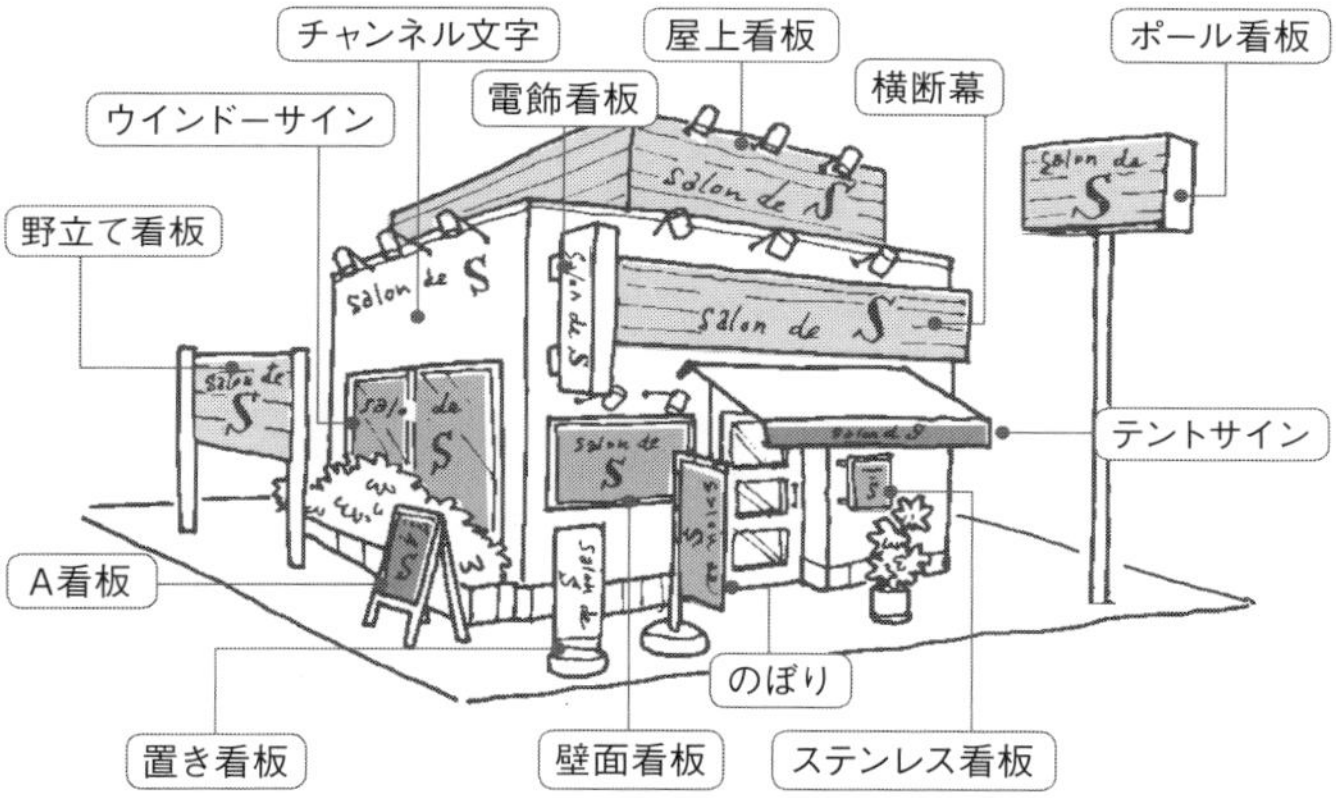

新規客が入りやすい外観か簡単なチェックをしてみましょう

新規客が入りにくい雰囲気・外観である

- YES → **コンセプトからあえてクローズドにしている**
  - YES → 問題ありません
    ホームページなどの他の媒体でお店の情報が発信できているか見直してみましょう
  - NO → 入りやすくするために、看板の設置をはじめとして視認性を良くして、ホームページなど情報を積極的に発信していきましょう
- NO → 問題ありません
  オープンになりすぎて、プライバシーが保護されているか見返してみましょう

※ 知り合いなどのお店で働いてない人にチェックしてもらうといいでしょう。

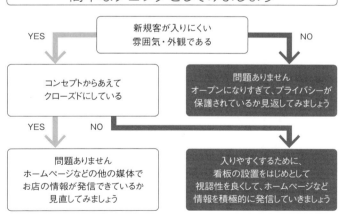

A看板（スタンド看板）の活用方法

店前の人通りが多い美容院

- 店のコンセプト
- 店のメニュー
  （他店との違いをアピール）
- 店の案内を近くに置いておく

↓

店の前を通りかかる
新規見込客に向けた内容

店前の人通りが少ない美容院

- キャンペーン内容の告知
  （新商品キャンペーン
  新規紹介キャンペーン など）
- 季節イベントなど

↓

来店した客に向けた内容を記載

4 フリーペーパーの活用方法

新規客を増やす方法に「フリーペーパー」の活用があります。フリーペーパーは飲食店や小売店などに置かれている無料小冊子のことで、料金を払うことでお店の広告を掲載することができます。

>>>> フリーペーパーの特徴

特徴としては、掲載枠の大きさが決められているので、発信する情報量に限りがある点です。フリーペーパーは他店の広告も掲載されているので、限られた枠でいかに自社をアピールするかがポイントになります。掲載枠の大きさは料金によって変わることが多く、資金的に余裕がある人は大きな枠で掲載した方が集客効果が高くなります。

>>>> フリーペーパーのターゲット層

広告を出す際は、そのフリーペーパーが「どの地域のどの年齢層」がよく見ているのか必ず確認し、お店のターゲット層と一致しているのなら導入を検討する余地があります。

また、フリーペーパーは紙媒体で比較的身近な地域に訴求することが可能です。よくある地域雑誌のフリーペーパーは主婦層が見ている傾向にあり、男性の購読は少ないのが一般的です。

>>>> 目的を明確にする

美容院は競争が激化しており、フリーペーパーを載せたからといって、すぐに来店につながるとは限りません。そのため掲載する目的をハッキリと決めましょう。「お店に誘導させるため」「知らない人に対して認知を広めるため」「ホームページに誘導させてより詳細な情報を開示するため」など、掲載目的を決めることで効果の目安を設定できます。また掲載する情報量が限られているので、ホームページに誘導するのは効果的です。サイトのQRコードを大きく掲載して誘導するようにしましょう。

ビューティ
サロン・S
カラーリング
S 4,500
M 5,500
L 6,500
¥2,000
クーポンで
¥2,000引き
行ってみようかな…
FREE
Beauty

5 ホットペッパービューティーの特徴

近年、新規集客の定番になってきているのが美容院検索・予約サイトです。有名なのはリクルート社が運営する「ホットペッパービューティー」で、最近は求人募集もできるようになっています。

ホットペッパービューティーの利用年齢層

利用者の8割弱が20～30代の女性です。中でも圧倒的に多いのが20代の女性です。また利用者がホットペッパービューティーでネット予約する時間は、21～23時が多いようです。（152ページ参照）

ホットペッパービューティーの特徴

ホットペッパービューティーの最大の特徴は、ネット予約システムです。ネット予約で、空き状況をお店に直接確認することなく、次回予約ができます。またサイト内にはクチコミやレビューも掲載されており、お店の信頼性を高めることもできる一方で、ネガティブな評価も掲載されることがあります。新規予約の際など電話予約する手間や心理的ハードルが低く、消費者にとっては利用しやすいのが特徴です。（226ページ事例参照）

>>>> 費用面で負担が大きくなることも

ホットペッパービューティーは非常に多くの美容院が利用しており情報量が豊富です。掲載してもお店の情報が検索されないこともあり、高い料金を払えば上位表示されますが、費用負担が大きくなることがあります。

またホットペッパービューティーを解約するとネット予約は使えなくなります。予約機能を使っている既存客が多いほど、お店側はホットペッパービューティーを解約しにくくなるということも現実的に起きています。費用面が心配な場合は、ネット予約機能に依存しすぎないように独自の再来店システムを構築し、既存客にはネット予約以外の方法を案内するようにしましょう。

ホットペッパービューティーの集客効果

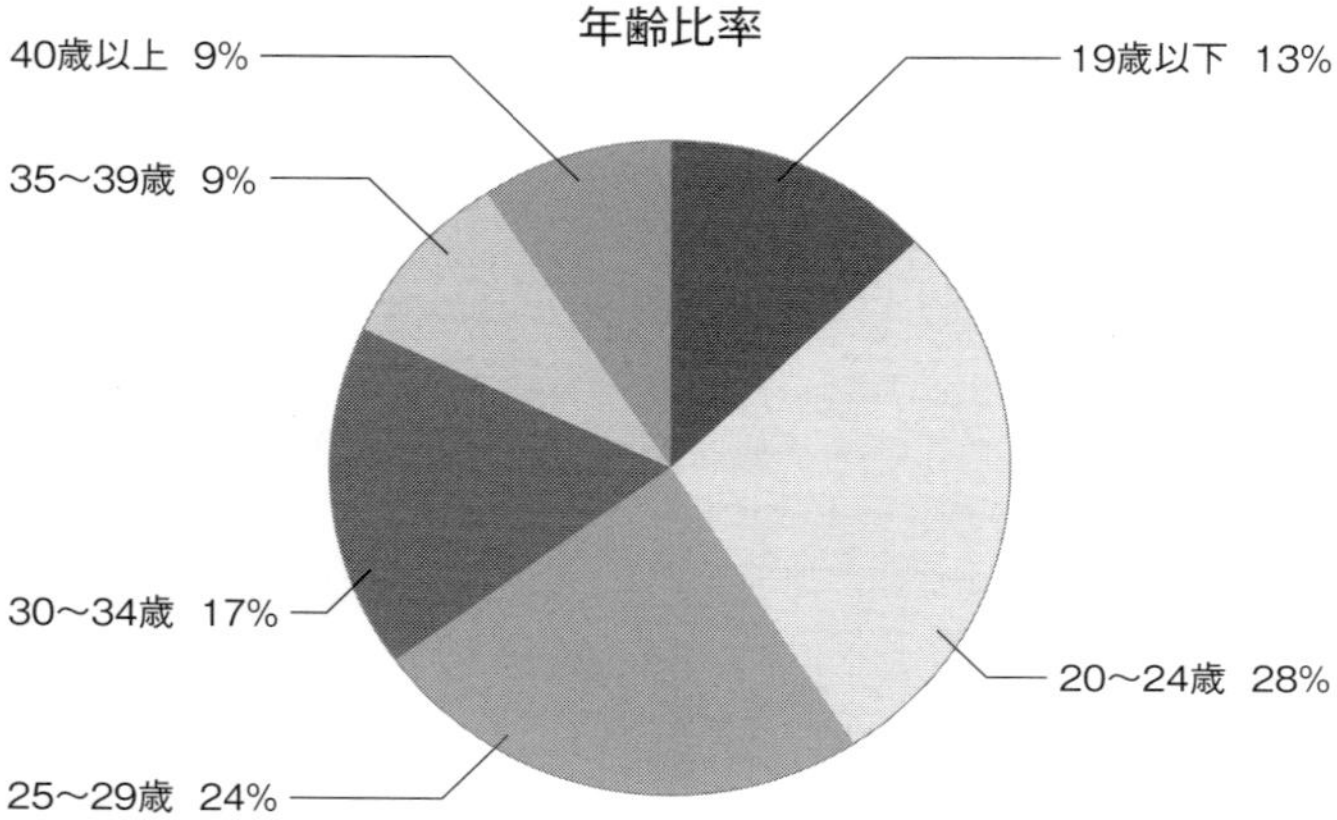

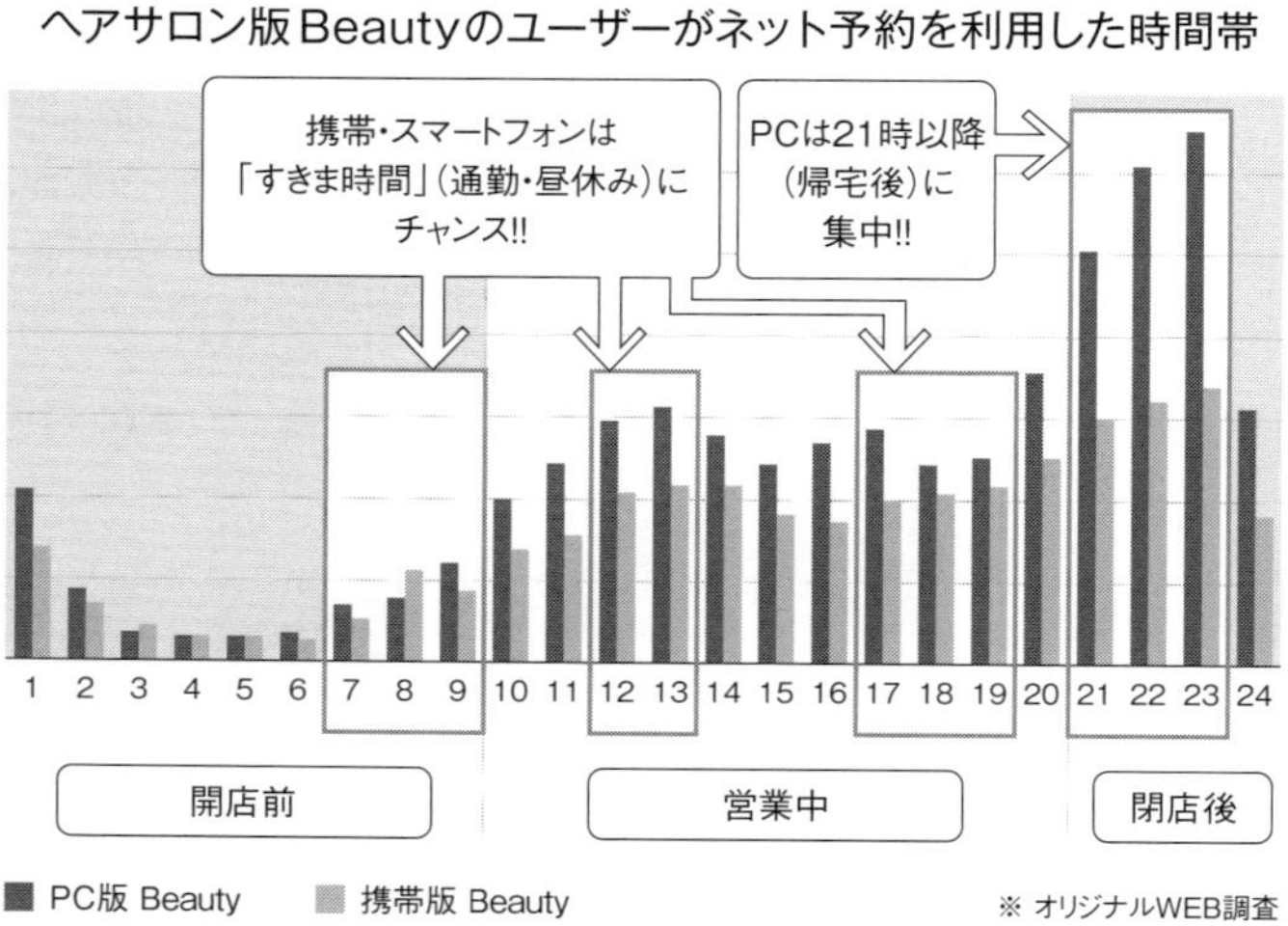

出典：「ホットペッパービューティー」サイトより

6 折込チラシを使って広く集客しよう

昔から行われている「新聞折込チラシ」は、ネットを活用した集客方法と比較してアナログ式ですが一定の効果は見込めます。（226ページ事例参照）

>>>>「折込チラシ」の特徴

業界は競争が激化し、前述通りフリーペーパーやネット集客では他店の情報が混在し競合しています。一方、折込チラシは作成の手間などから活用している美容院は少なく、他店がやっていない折込みを実施した方が実はメリットがあることがあります。記載内容は自由で独自性を発揮しやすく、配布エリアを絞ることができるのもメリットと言えます。

>>>>「新聞離れ世代」に注意

注意点は若い世代の新聞離れです。配布予定エリアの購読数・購読世帯数は必ず確認しましょう。一方でターゲット層が40代以上であれば効果は出やすく、郊外や住宅街の方が都心部よりも効果が出やすいでしょう。

>>>> 「チラシの作成」「印刷」は低コストで

折込チラシは「デザイン・印刷・折込み」に費用がかかります。しかし現在は美容専門のデザインを低コストで作成できる税理士やネット印刷を活用すれば、昔よりも低コストでチラシ作成が可能です。折込代は1件あたり3円弱が相場です。

折込チラシは効果が薄くても継続して行うことで「見覚えがあるな」と認知させることが可能です。年に数回配布し続けることで効果を発揮する広告と言えるでしょう。

>>>> チラシのサイズはB4が最適

チラシのサイズはＢ４にすると目立たせることができます。またチラシには期間限定のクーポンを付けるようにしましょう。

チラシの例

表面

裏面

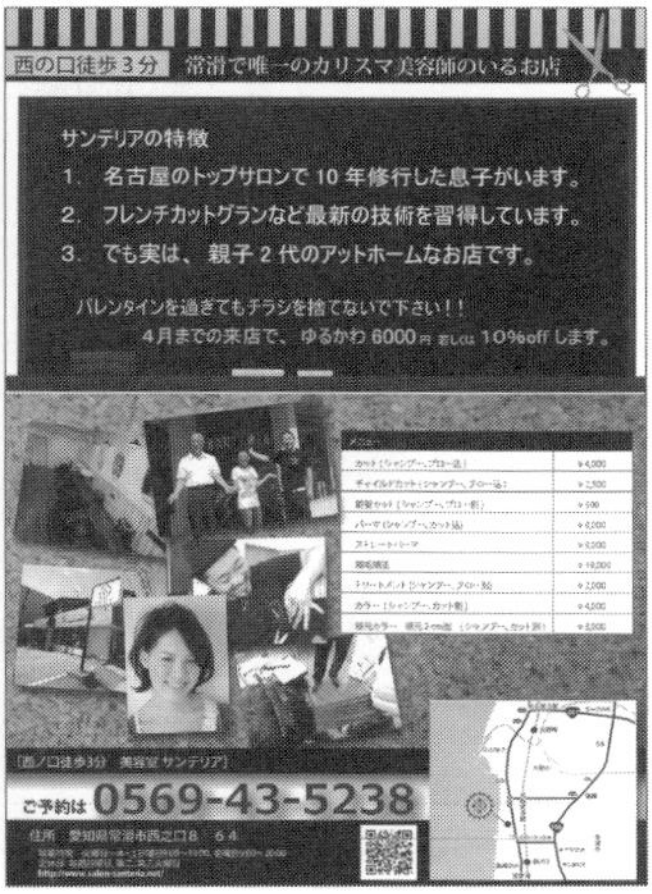

チラシを作成するときのポイント

- 具体的な写真を掲載する
- サロンの特徴を掲載する
- 来店時の特典を付ける
- 店内写真及びスタッフ写真を掲載する
- ホームページやSNSへ誘導するQRコードを載せる

7 ポスティングで狙いを絞って集客しよう

ポスティングも折込チラシと似た広告手法です。「チラシ作成・印刷」までは折込チラシと同じですが、配布方法が違ってきます。

>>>>「業者へ代行」か「自分で配る」

ポスティングとは新聞にチラシを折込むのではなく、チラシをダイレクトにポストに投函することです。配り方は「業者に代行させる」か「自分で配る」という方法があります。業者へ委託する場合は新聞折込料とよく似た価格が一般的な相場となっています。「自分で配る」場合は、オーナーやスタッフ自ら周辺地域へポスティングをします。配布する家を自分で選択できるメリットがある一方、配布枚数は極端に少なくなります。しかしポスティングを行っている時に住人や地域の人に会うことができれば、直接挨拶しながら手渡しできるチャンスがあり、対応によっては良い印象を残すことができるのが最大のメリットです。

比較的広い範囲で広告ができる折込チラシに対し、配布する範囲は狭くても「周辺地域の方々に挨拶回りができる」のがポスティングの魅力です。単に配布方法が違うという認識ではなく、両者をうまく使い分けるといいでしょう。ただ同じ家に何度も投函したり、ポスティング時に挨拶をしなかったり騒いだりするのは悪影響になりますので注意するようにしましょう。

>>>> モノを同梱できる

ポスティングは、封筒を使うことでモノを同梱することが可能になります。チラシだけでは、そのまま廃棄されることも少なくないですが、封筒に店舗の名前が入った物を入れておくことで廃棄されるのを防ぐことができます。普段使えるようなポケットティッシュなど、あっても困らないモノを入れるようにしましょう。

ポスティングする先によって DMのデザインを変更している事例

表面（40歳以上の男性をターゲット）

表面（子供のいる男性をターゲット）

表面（幅広い層をターゲット）

裏面（お店の情報を記載する）

8 ホームページのアクセスを伸ばそう

実は多くの美容院でホームページが活用されずに放置されています。検索サイトなどでダイレクトにお店の名前を検索すれば、お店のホームページまでたどり着きますが、ほとんどの場合、店側が意図的にホームページへ誘導しないと見られないことが多いです。

>>>> 新規客の動線を考える

新規客が美容院を探す際は、必ずといっていいほど事前にスマホやパソコンでお店を調べます。その中で多くの人が使っているのが「ホットペッパービューティー」などのクチコミサイトです。このようなサイトはクチコミが多いメリットがある一方で多くの美容院が利用しているため、お店情報がサイト内で埋もれやすいデメリットもあります。

それはお客様も同じで、クチコミサイトに多くのお店が掲載されすぎているので、もっと詳しい情報を知りたいとなれば、クチコミサイトからお店のホームページに飛ぶという行動を取ります。このように新規のお客様の動線を考えれば、ホームページによって来店する可能性を高めることができることがわかります。

>>>> 販促ツールでホームページへ誘導させる

クチコミサイトが活発化しているように、新規のお客様は「期待外れ」を少しでも回避したいと考えていますが、実はお客様にとって一番信頼のある情報は、ネット上のクチコミよりも「知人からのクチコミ」です。そのため、既存のお客様からの「紹介カード」や「ショップ案内」を利用したクチコミは非常に効果的です。これらの販促ツールにもホームページのＵＲＬを掲載することで、サイトへ誘導し、より多くの情報を新規のお客様へ発信することが可能になります。特にインターネット慣れしている若い世代は、日頃から情報収集をする行動が当たり前になっていて、「店主の顔やお店の雰囲気」など、より詳細な情報を得ようとします。このような場合でも、友人から渡された紹介カードなどを利用し、サイトへ誘導すれば、初来店の心理的なハードルを下げることができます。

>>>> SNSを活用しアクセス数を上げる

前述したようにＳＮＳは美容院にとって有効な集客手段の一つになっています。検索サイトでお店のホームページが表示されるためには、ホームページ自体のアクセス数が増えていなければ、ホームページの信頼性が薄れ上位検索されにくい仕組みになっています。

そこで、紙媒体の販促ツールからサイトへ誘導する方法以外にも、SNSを使っている場合は、その都度ホームページへ誘導できるようにURLを貼るようにしましょう。誘導したことが直接新規集客につながるわけではありませんが、ホームページのアクセス数を増やしておくことで、長期的にホームページの信頼性を高め、新規集客をしやすい状況を作りだすことができるのです。

>>>> 小まめな更新が大切

ホームページは「更新頻度」が大切です。更新しなければ検索サイトで上位に表示されることもありません。例えば「店主のブログが何カ月も更新されていない」となれば、ホームページ全般の情報が古い印象を与えます。他にもリンク切れや、スマートフォンで見た時に見づらいホームページは印象が悪くなってしまいますので注意が必要です。

更新が自分でできない場合、制作会社へ相談をしましょう。最低でも月に1回は更新できるよう心がけるようにします。従業員がいる場合はスタッフでも更新できる状況を作るとバラエティーが出ますし、オーナーの業務負担が減ります。

お店のホームページへの誘導方法

SNSを活用した方法	販促ツールを活用した方法	クチコミサイトを活用した方法
・Facebook ・LINE@ ・Instagram ・twitter	・知人のクチコミから検索 ・ショップ案内 ・チラシ ・紹介カード	HOT PEPPER Beaty

地元情報誌を活用した方法	Web広告を活用した方法	その他の方法
・フリーペーパー ・新聞掲載	・Google広告 ・Yahooプロモーション広告 ・SEO対策で上位検索されるように専門家に依頼	・ブログ ・YouTube

YouTubeで自作動画を利用して誘導する方法

① お店のホームページに「髪の結い方」「オシャレなセットの方法」などを自作動画でアップする。

ホームページ内で動画コーナーを作る

カチューシャの使い方　○○セットの方法　○○の結い方

② 来店したお客様にお店のホームページを案内して、動画を見て「自宅でオシャレにセットできる」ことを伝え、ホームページの利用頻度を上げる。

③ ホームページのアクセスが増加する。

④ 検索サイトで上位に検索が出るようになる（アクセス数が上がると上位表示されるため）。

（227ページ事例参照）

第 8 章

単価をアップさせる方法

1 新メニューを作ろう

今までは「客数」を上げる取り組みを説明してきましたが、ここからは「客単価」を上げる方法です。その1つ目が「新メニュー導入」です。

>>>> メニューのマンネリを防止する

新しいメニューや、店頭で販売している商品に新しい商品が出たりすると、お客様の購買意欲をかき立たせるきっかけになることがあります。お客様への印象もプラスに働くことが多く、お店が常に新しい技術や商品を取り入れているという印象を与えることができます。もちろんカットや、カラーなどに追加して新メニューを購買してくれれば、客単価は上がりますので、お店のメリットも大きいです。

>>>> 常にディーラーから情報収集する

新商品を導入する時期は検討が必要ですが、新商品の情報収集は取引のあるディーラーから常に収集しておきましょう。新商品に対する講習やセミナーにも積極的に参加するようにして、いつでも導入できる状態を作っておくことが大切です。

またディーラーから得た新商品の情報は、他社にも同じ情報が流れている可能性があります。特に「ライバル店が導入しているかどうか」は重要で、他店が導入していなければ先手を打って新商品を出せるようにしましょう。

>>> 店内の生産性が下がるならやらない

新商品導入は客単価を上げるためには魅力的な手法ではありますが、導入したせいで無駄に作業時間やスタッフの手間が増え、客の回転が悪くなってしまったということもあります。新商品導入の際は売上高だけを見るのではなく、生産性が悪くならないかも必ず確認をして、儲けが出そうであれば導入を検討するようにしましょう。

新メニューの紹介例

事例：ノーズワックス（鼻毛の脱毛）

メニューのマンネリを防止するため、意外性のあるメニュー（提案）で顧客の飽きを防いでいる。髪や頭皮に関連するサービスにとらわれることなく、顧客の関心を買うサービスを提供することで、顧客に飽きを感じさせないようにする。

事例：染毛剤の訴求

提供エリアが限定されている特殊な染毛剤を折込チラシにより訴求。どういう人にオススメなのかを具体的に記載することにより、ターゲットとする客層を明確にしている。

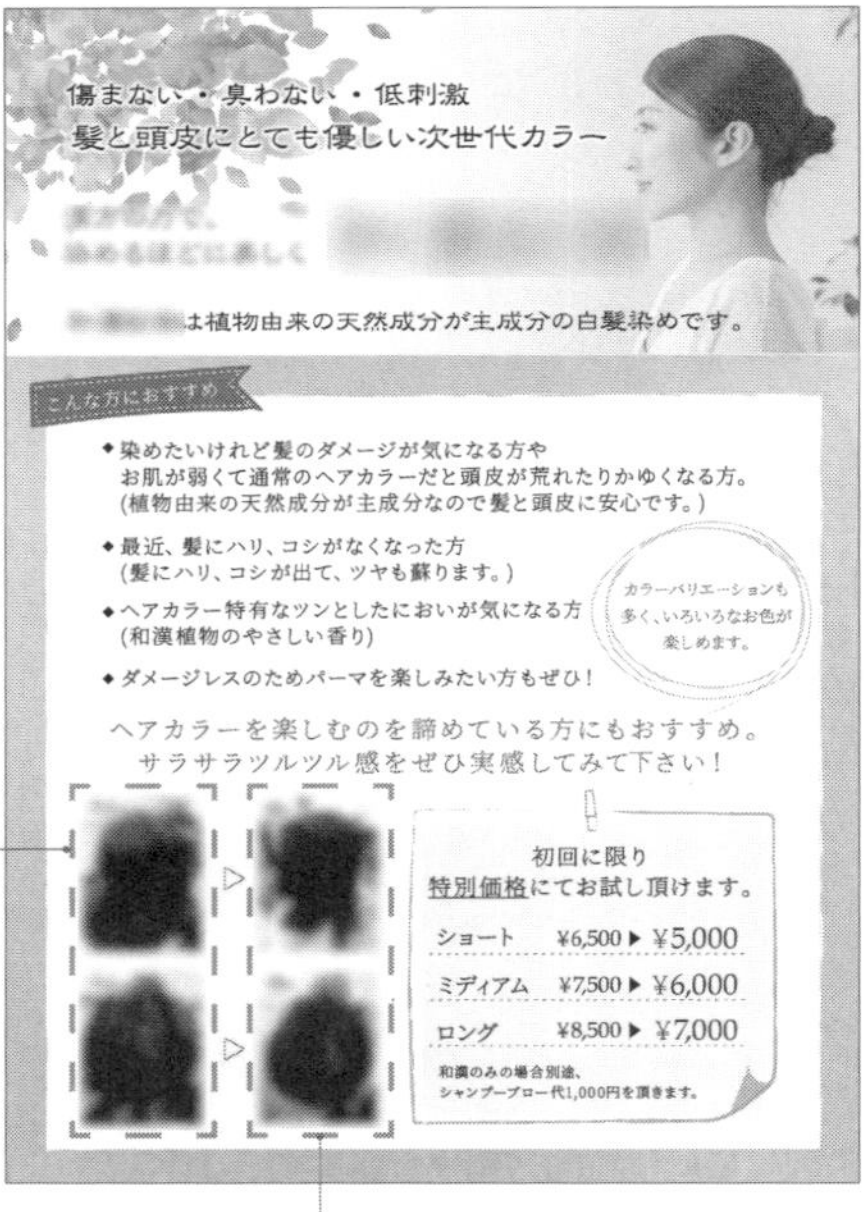

before写真

after写真

2 カウンセリングによる営業方法

お客様は単に髪を短くしたいという要望だけではなく、髪に対するさまざまな悩みを持っていることが多いです。「悩みを解決できる」ということは、お客様にとって大きな価値があり、客単価を上げられるポイントにもなってきます。

>>>> お客様のニーズ・悩みを把握する

開業時に、内覧会の中で相談会の実施が効果的であると伝えましたが、それはお客様の悩みを知り、カウンセリングするためです。

今いるお店のスタッフは来店していただいているお客様の悩みを把握しているでしょうか。もし把握できていないのであれば、まずはどのような悩みを持っているのか、アンケートやヒアリングシートを活用して情報収集することから始めましょう。そしてどのようにその悩みを解決すればよいのか、必要に応じてスタッフ同士で意見の交換と共有をしましょう。

>>>> カウンセリング営業をする

お客様のニーズや悩みを解決する方法がわかれば、カウンセリングしながら提案するようにしましょう。その流れでお店のサービスや商品が活用できれば「試供品」や「お試し」などで効果を体感してもらうようにします。

お客様が来店するたびにカウンセリング営業をかけると嫌がられますので、様子を見て判断しましょう。

>>>> お客様の真意を知る

お客様の悩みを知るためにアンケートなどを活用しますが、本当の悩みは人に言いにくく、信頼した人にしか打ち明けられないことが多いです。スタッフはこのような真意を打ち明けられるようなコミュニケーションと信頼関係の構築が求められます。そのためにも常日頃からお客様のことを考え、お客様の声に耳を傾けることが大切になります。

お客様のカウンセリングシートの例

① **どのようにして当店をお知りになりましたか？**
- □ 知人・友人からの紹介　□ 通りがかり
- □ ヘアサロン検索サイト　□ フリーペーパー
- □ その他 [　　　　]

② **ご来店頂いたきっかけは何ですか？**
- □ 自宅から近かった　□ 値段が手頃
- □ 知人・友人の勧め　□ 店の雰囲気
- □ その他 [　　　　]

③ **メニューをお選びください。**
- □ A・B・Cのどれかを1つお選びいただくと ………… ¥○○○○（60分以内）
- □ A・B・Cのどれかを2つお選びいただくと ………… ¥○○○○（約60分）
- □ A・B・Cのどれかを3つお選びいただくと ………… ¥○○○○（＋15分）

④ **頭皮についてお聞きいたします。**
- □ 敏感でしみやすい　□ 乾燥しやすい
- □ 頭皮が固く突っ張る　□ かゆみがある
- □ 特に気にならない

⑤ **髪の毛についてお聞きいたします。**
- □ パサつきが気になる
- □ ベタっとしやすい
- □ 抜け毛が気になる
- □ 特に気にならない

⑥ **気になる項目はございますか？**
- □ むくみ解消　□ リフトアップ（小顔効果）
- □ 血行促進　□ 目の疲れ解消
- □ 姿勢矯正　□ 肌荒れ解消（美肌効果）
- □ 肩こり解消　□ 二の腕痩身
- □ その他気になるところがあればご記入ください。[　　　　]

⑦ **カラーを選択したお客様はご記入ください。**

●本日の希望はいかがでしょうか？
- □ 根元染め　□ 白髪染め（根元）
- □ 水素カラー（＋¥○○○）
- □ オーガニックフルカラー（全頭＋¥○○○○）

●本日の明るさの希望はいかがでしょうか？
- □ ちょっと落ち着かせたい
- □ 現状維持の明るさ
- □ 今よりちょっとだけ明るくしたい
- □ ガラっと変わりたい

●カラーのお好みはどの辺りでしょうか？
- □ 暖色系（ピンク、ラベンダー、レッド）
- □ ノーマル系（ブラウン）
- □ 寒色系（アッシュ、グレージュ、ブルージュ）

●前回のカラーの色味は何系だったでしょうか？
- □ 暖色系（ピンク、ラベンダー、レッド）
- □ ノーマル系（ブラウン）
- □ 寒色系（アッシュ、グレージュ、ブルージュ）

⑧ **最後にお聞きいたします。**
- □ ブラシを使用したブローを希望する（＋¥○○○○）
- □ 希望の退店時間がある　時　分までに店を出たい
- □ その他ご希望があればご記入ください。[　　　　]

---

① **通常のご予算は？**
□ ¥5,000以下　□ ¥5,001〜¥10,000　□ ¥10,001〜¥15,000　□ ¥15,001以上

② **本日のサービスは料金に対してご満足頂けましたか？**
□ 満足　□ 可も無く不可も無く　□ 不満

※不満とお答え頂いた場合、理由を差し支えない程度でご記入下さい。[　　　　]

③ **美容院にこんなサービスがあれば良いのにと思う事はありますか？**
[　　　　]

お名前	
ご住所	
ご年齢	・10代　・20代　・30代　・40代　・50代　・60代　・70代
性別	男　・　女

3 店販品を売ろう

>>>> 「時間単価」を重要視する

美容院の売上を考える上で重要な指標に「時間単価」というものがあります。これは1分あたり、または1時間あたりいくら稼いだかという指標のことです。付加価値の高いサービスを提供できれば、時間単価を上げることが可能ですが、簡単なことではありません。そこで有効な手段として「店販品の販売」があります。

>>>> 粗利益が悪くても、時間単価は高くなる

店販品の販売は、カット等の通常のサービスと性質が異なります。通常の美容院のサービスは、売上の大部分が利益になりますが、店販品の販売は仕入が発生するため、売上の一部しか利益になりません。

しかし、通常のカットなどのサービスと比較すれば、店販品の販売は提供までに時間がかからず売上を上げることが可能です。つまり、利益率は低いですが、時間あたりの単価

は高く、効率よく売上を上げることができるのです。

>>>> 信頼のカウンセリングから店販品につなげる

一部の商品を除き、店販品はインターネット購入できるものも多いです。それでもあえて当店で購入していただける顧客との関係性が店販品には必要になります。つまり前述した「カウンセリング営業」における信頼関係・コミュニケーションが大切になります。お客様に押し売りをすることなく、お客様自身が使ってみたいと思ってもらえる方法をスタッフ同士で模索しましょう。

「店販品の売上金額は、顧客との関係性と比例する」と言われています。全体の売上の10％を超えると、店販品の売上水準が高くなった証拠です。ぜひその水準を目指し、時間単価の意識を高めて店販品の販売をしてみてください。(227ページ事例参照)

4 セット売りを促進しよう

客単価を上げる方法の一つに「セット売り」があります。前述したように、売上の8割は2割のお客様に依存しています。客単価の高いお客様はお店にとって2割の優良顧客であり、客単価の低いお客様をいかに優良顧客に育てるかが儲かる秘訣となります。それを実現する具体的な方法が「セット売り」なのです。

>>>> セット売りで客単価を上げる

セット売りとは単にカット○○○円ではなく、例えば「カット＋カラーリングコース」というようにセット売りを前面に訴求する方法です。セット売りはトリートメントやヘッドスパ、物販との組み合わせなどいろいろと想定できますが、売り方は「儲かる商品や積極的に売りたい商品」を「普段よく売れる商品」と抱き合わせにして販売することが基本です。

注意すべき点はセット価格とうたって安く販売しすぎてしまうことです。儲かるためのセット売りなのに、安売りしすぎて本末転倒とならぬよう原価を事前に考慮して判断しましょう。

>>>> セット売りを訴求する方法

セット売りはメニューの表示方法の変更や、スタッフからの提案、店内ＰＯＰの活用などが考えられますが、お客様にとって抵抗感がないよう注意を払うことが必要です。特に「スタッフからの提案」は、マンネリ化した顧客に刺激を与えることもできます。

「前から試してみたかった」「悩みが解決できるなら試したい」「本来の価格だと購入しにくいが、セットで割安なら体験してみたい」。このようなことがきっかけとなってセット売りが継続化できるかもしれません。ここでも店販品の販売と同様、お客様とのコミュニケーションが大切になることを肝に命じておきましょう。

セットメニュー表示の例

（228ページ事例参照）

5 店内POPを活用する

POPは店内に掲示する「サービスや商品」を訴求するための広告のことです。POPによる見せ方はさまざまな方法があり、単に写真や商品説明を載せるだけではなく、コメントやイラストを載せたりすることで、お客様の購買意欲を高め、客単価を上げることが可能となります。（228ページ事例参照）

>>>> 売りたいメニューをアピールする

POPで告知するものは、「売りたいメニューやサービス・店販品」を訴求するのが基本です。例えば「人気セットメニュー　1位〇〇〇、2位〇〇〇」と書いたりして、お客様を高単価メニューへシフトさせることを狙います。また日頃疑問に感じている美容に関する悩みとその答えをPOPに記載し、店販品へ誘導してもいいでしょう。

>>>> 作り方によって個性を発揮させる

店内POPは、作り方によって効果が左右されます。ディーラーが作成してくれる場合もあるようですが、基本的には「手作り」で作成し、お店の個性を表現した方がいいでしょう。POPが名物になるお店もあるくらいなので、お店のイメージ・雰囲気に沿ったPOPを作ってみましょう。

>>>> 低コストで売上を上げることが可能

POPは低コストながら工夫次第で客単価を上げることができる手法です。愛知県の竹島水族館では予算が無いことから手作りPOPを工夫し、それが注目を浴びて集客に成功しています。美容院に限らずスーパーなどの異業種の取り組みも大変参考になります。

POPは「ポイントオブパーチェス＝顧客が商品を購買する時点」という意味があり、いかにインパクトを残し「お客様の心に刺さるか」という視点が大切です。スタッフと工夫して個性的で話題になるようなPOP作りにチャレンジしてみましょう。

6 カード決済を導入する

>>>> メリットの多いクレジットカード決済

クレジットカード決済（以下カード決済）の導入は客単価アップを狙うことが可能です。例えばカットだけの予定だったお客様に、店側が別メニューを提案しても、お客様が現金を持っていなければ提案したメニューは購入してくれません。しかし、カード決済ができれば現金がなくても購入が可能になります。

カウンセリングや提案、店販品販売を強化して客単価アップを狙う美容院であれば、クレジットカードは必須と言えます。事実、カード決済導入後、店販が大きく伸びたという事例は多数あります。

>>>> お客様にもメリットがある

ここ数年カード会社のポイント還元サービス普及により、消費者のカード決済が当たり前になりつつあります。利用者にとっては「現金と同じ支払ならカード決済でポイントがたまった方がいい」と思うのは当然です。現在はクレジットカードのみならずプリペイドカードなどさまざまなカードが存在しています。今後ますます現金を持ち歩かない人が増えるといわれていますので、そのことを踏まえた上でお店の対応を考えましょう。

>>>> デメリットは決済手数料と決済機器の購入

店側のデメリットは、カード決済した売上から決済手数料が引かれてしまうという点です。手数料の割合は決済会社によってさまざまですが、３％前後が多いようです。また導入時には、決済機器を購入する必要もあります（決済会社によっては導入特典や期間限定などで、無償で決済機器を貸与してくれることもあります）。

カード決済をお店に導入しようとする際は、その時点でどこの決済会社が良いか数社見積りを出して、しっかりと調べた上で導入を検討しましょう。

クレジット会社の例

サービス提供会社	楽天	スクエア
対応可能カード	6大クレジットカード※	6大クレジットカード※
対応可能電子マネー	主要交通機関関係、edy、Apple Pay、AndroidPay	不可
手数料	3.24～3.74%（決済会社による）	3.25～3.95%（決済会社による）
カードリーダー	専用端末機で通信	リーダーをスマホやタブレットのイヤホンジャックに接続
導入費用	実質0円（後日キャッシュバック）	4980円
入金時期（指定銀行）	楽天銀行→決済翌日	三井住友銀行・みずほ銀行→決済翌日
入金時期（指定銀行以外）	入金指示→指示翌日（振込手数料を引かれて入金）	毎週水曜日締め→同週金曜日入金
特徴	・端末代が実質無料となることが多い ・電子マネー対応 ・楽天銀行以外は振込手数料を引かれる	・スマホがあれば導入可能 ・入金時に振込手数料を引かれない

※VISA、マスターカード、JCB、アメリカンエキスプレス、DISCOVER、Diners Club

第 9 章

POSレジを活用する方法

1 客の上位層へアプローチする方法

よくお客様へのサービスは平等にすべきであるといいます。しかし、経営的な視点で言うとその考えは正しいようで少し間違っています。「スタンプカード・VIPカード」の項でもお伝えしましたが、売上の8割は上位2割のお客様に依存しており、お客様へのサービスはお店への貢献具合よって優劣を付けるべきなのです。

>>>> お客様はランク分けしてエコヒイキする

お客様ごとにサービスに優劣をつけるというのは、手を抜いたサービスをしたり、いい加減な接客をしたりするという意味ではありません。その逆で売上に貢献している人に対して、他のお客様とは別のサービスを追加してあげるという意味です。

例えば有名ラーメン店では、常連客だけが使えるVIPカードがあります。これはその人だけ常にトッピングが1品無料になるというスペシャルサービスです。そのVIPカードがクチコミで広がれば、お客様は上位顧客になろうと購買頻度や購買金額を高めるという方法でもあります。このように、お店に貢献しているお客様に対してはエコヒイキした

サービスを展開することが大切なのです。（228ページ事例参照）

①「売上高」によってランク分けをする

ではどのようにお客様をランク分けしていくかというと、まず「売上高」による分け方があります。美容院のPOSデータを活用すればお客様ごとに「今までのトータルの売上高」が出ます。このPOSデータを活用してお客様ごとに売上高ランキングをつけてみましょう。すると自分のお店の売上高は、上位20〜30％のお客様の売上で構成されていることに気づくはずです。

つまり、この20〜30％のお客様がいなければ、お店は存続できていないわけで、そのお客様に対する追加のサービスを展開する必要があるというわけなのです。また上位のお客様はお店のファンである可能性も高いため、他のお客様も紹介してくれる可能性も高くなるのです。

②「来店（購買）頻度」でランク分けする

お客様のランク分けは基本的に「売上高」だけですればいいでしょう。余裕のある人は「来店頻度」でもランク分けしてみましょう。中には売上高は低いものの、来店頻度が高い人もいるはずです。このようなお客様はお店を好きでいてくれている可能性も高く、特別なサービスを提供しても今後のクチコミにつながる可能性があると考えられます。

>>>>上位客は深い関係性を構築するための特別サービスを提供する

上位ランクのお客様には、ハイグレードサービスとして誰よりもいち早く「新メニュー」や「新商品」を提供したり、「VIP限定特別メニュー」を提供したりするのがいいでしょう。上位客は美容に対しても感心が強く、客単価も高めです。上位客限定の美容専門情報の配信も効果的です。

注意点として「大幅値引き」はやめましょう。お金以外の価値を感じてくれているから利用金額が高いわけなので、値引き以外のサービスを検討しましょう。このサービスはクチコミになる可能性も高いので、オリジナリティーあるサービスを考えてみましょう。上位顧客は品質や特定のスタッフに依存している場合も多く、愛着を持ってくれている場合が多いです。定期的にハガキやニュースレターなどを使ってコミュニケーションを密に取るようにし、来店頻度を高めるような取り組みをしましょう。

上位顧客（全体の 20 ～ 30%）で
売上高の 80%は構成される

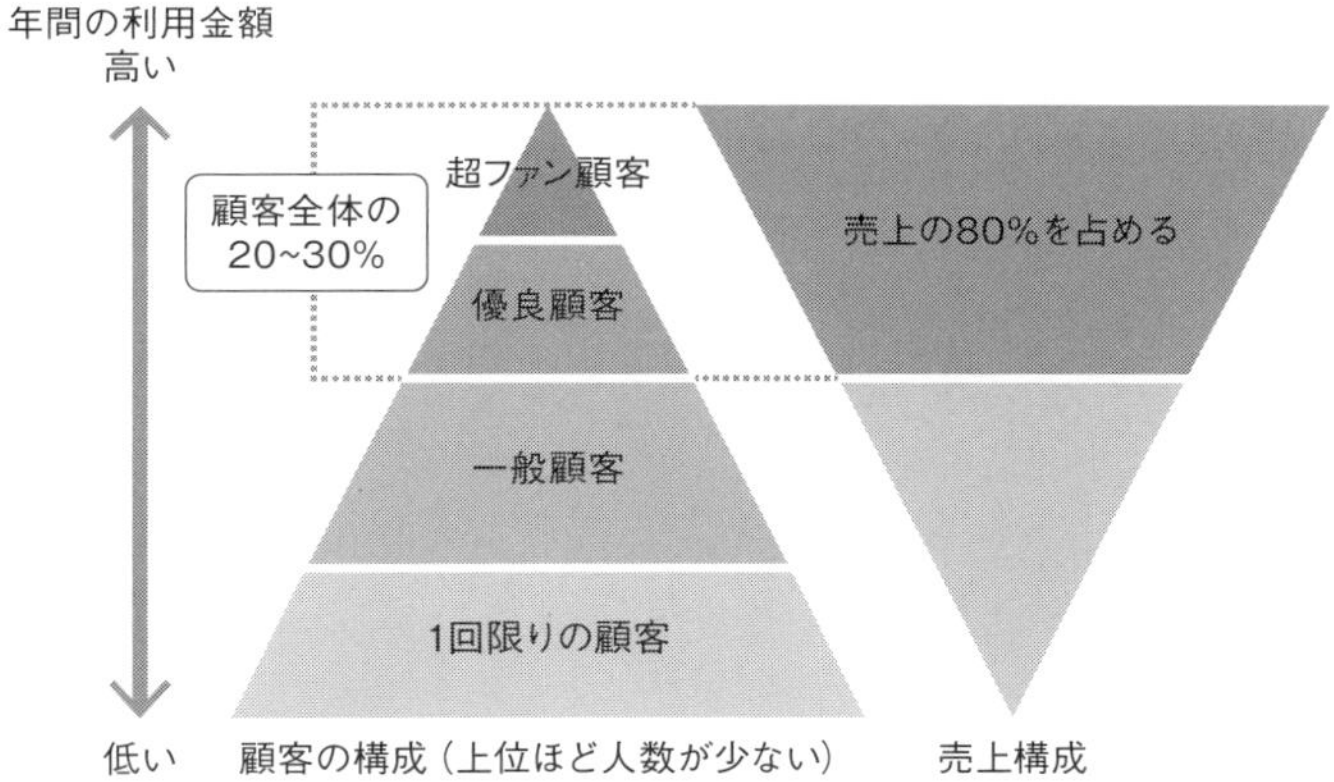

上位の顧客ほど手厚いハイグレードなサービスを提供することが重要

ハイグレードサービスの例

・いち早く新メニュー・サービスの提供
・VIP 限定の特別メニューの提供
・上位顧客専用のカスタマイズメニュー
・上位顧客だけに提供する美容専門配信（ハガキやメールなど）
・お店企画のロイヤルカスタマーイベントへの参加 など

上位顧客への悪いサービス例

・大幅値引き（上位顧客は値段よりも品質を重視しているため）

2 顧客管理・カルテの活用

>>>> あらゆる集客活動で活用するためのもの

美容院では顧客情報を「顧客カルテ」で管理することが一般的です。この顧客カルテには「住所、氏名、年齢、誕生日、性別、職業、電話番号、メールアドレス」などの個人情報や、「来店動機、髪質、過去のヘアスタイル、購入品やサービス、注意点や会話した際のメモ、紹介者」などを記載します。最近ではＰＯＳレジで顧客管理できるものもあります。前述してきた売上を上げるための「既存客の再来店」におけるお客様の情報は全てこのお客様カルテがベースになります。言い換えると、このお客様カルテが無ければ既存客に対するアプローチができないということです。（229ページ事例参照）

>>>> コンセプトが実現できているか確認する

開業したての美容院では、当初予定していたコンセプト通りにお店が運営されているか、カルテを使って確認しましょう。実際のお客様はどういった層が多く来店しているか、客単価はどのくらいか、来店頻度の高い地域はどこか？　などです。

当初イメージしていたコンセプトやターゲットが実際と異なる場合は、現状に合わせて経営していくか、当初のコンセプトを実現するためにあらゆる活動に修正を加える必要があります。

>>>> 売上を伸ばす美容師は情報量が多い

売上を伸ばす美容師ほどカルテに書き込む情報量が多いです。それだけお客様のことをよく知ろうとしたり、お客様のためを考えたカウンセリングや提案をしようとしたりする姿勢の現れだと思います。特に来店頻度が高いお客様ほど、お客様との関係に慣れてしまって記入を怠ることもありますが、前述したとおり上位層のお客様こそ大切にしなければならないことを認識し、ちょっとしたことでもカルテに残す習慣をつけるようにしましょう。

顧客カルテの例

カルテ

ふりがな お名前	生年月日　大・昭・平　　年　　月　　日生 e-Mail TEL　　（　　）　　－
住　所	

頭皮状態	シャンプー	スタイリング剤
・乾燥肌　・フケ、かゆみ ・酸性肌　・抜け毛	メーカー・種類	

肌の状態	剃る内容
・正常　・乾燥肌　・その他	・普通　・深剃り

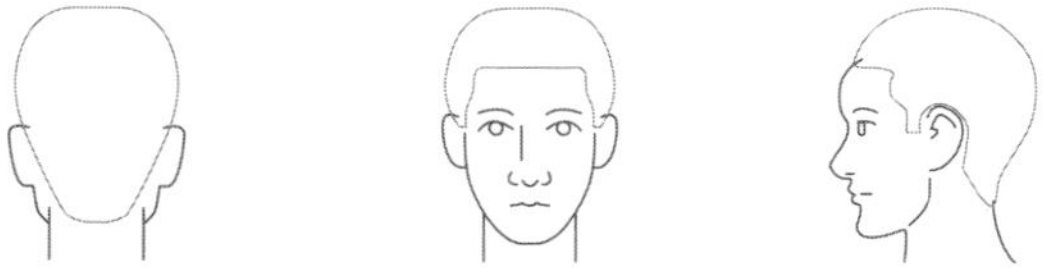

詳細

フロント	サイド	バック	トップ	もみあげ

注意事項

紹介者名

第 10 章

利益を残す方法

1 美容院の損益モデル

今までは売上を上げるための取り組みを説明してきましたが、ここでは利益を残す方法を説明します。ひとことで言うと、損益計算書の利益を残すには売上を上げて、経費をあらかじめ決めておいた適正な割合の範囲に抑えればいいのです。抑えておくべき経費は「①原価」「②人件費」「③固定費」「④その他諸経費」の４つです。この４つをコントロールすればいいのです。

① 原価

原価は売上に対して主に全体で10〜15％で抑えるようにします。具体的には、技術売上に対する技術原価は10％、店販売上に対する店販原価は70％が目安です。

② 人件費

１人で経営している場合、人件費はありません。ですから利益が残りやすい体質になります。仮に１０００万円の売上を上げれば50〜60％の５００〜６００万円が利益というわけです。一方、従業員がいる場合は、人件費率は約40〜50％が適正で、売上が仮に

6000万円であれば、利益は300～1200万円となります。つまり1人の方が利益率はいいですが、1人で売上高を上げられる限界はありますので、利益を多く残すにはスタッフを雇った方がいいというわけです。

③固定費

固定費とは、売上が無くても（営業していなくても）支払わないといけない経費で「家賃」「リース」「支払利息」「減価償却費」をまとめていいます。これらは売上に対して15％で抑えるようにすると理想ですが、固定費は経営者の努力で抑えられる経費ではありません。そのため営業外固定費に関しては15％に抑えられるように「売上高」を稼ぐしかないのです。

ではいくら稼げばいいかというと、売上高100％に対して、固定費が15％なので、実際の固定費の金額に「6・7倍」したものが目標売上高となります。この目標数値はわかりやすい数値なのでぜひ活用しましょう。

④その他諸経費

①～③以外の経費をまとめて「その他諸経費」といいます。細かい勘定科目ごとに割合を考えるのではなく、その他経費として15％に抑えるようにしましょう。

>>>> 実際生活費としていくら使えるのか？

実は「実際に手元に残ったお金＝損益計算書の利益」ではありません。減価償却費は過去に購入した資産の金額を分割して経費にしているだけで、実際に今期お金が出ていったわけではないのです。また毎月借入の返済がある場合、実際にお金は減っているのですが、借入の返済額は損益計算書の経費に反映されていません。この2つを考慮すると「実際に手元に残ったお金＝損益計算書の利益＋減価償却費－返済額」となります。これが生活費として使えるお金となります（※個人事業主の場合です。法人の場合は役員報酬が経営者の給料であり、役員報酬が生活に使えるお金と考えましょう）。

>>>> 計画が甘いとすぐに資金繰り悪化

以上のように数値計画はあらかじめ立てることができ、リスクをコントロールできます。特に人件費率が50％となる従業員のいる美容院は、油断するとすぐに資金繰りが悪化するため、事前の計画が大切です。経営はお金が無くなった時点で倒産です。しっかりと計画を立て、売上や利益の目標数値を意識して経営をしましょう。

従業員がいる場合

技術＋店売			
売上高	100%		
原価	50〜65%	10〜15%	← 技術10%／店販70%
人件費		40〜50%	← 給料／法定福利／福利厚生
その他諸経費	15%		← その他
固定費	15%		← 家賃／リース／減価償却費／支払利息
利益	5〜20%		

従業員がいない場合

技術＋店売		
売上高	100%	
原価	10〜15%	← 技術10%／店販70%
その他諸経費	15%	← その他
固定費	15%	← 家賃／リース／減価償却費／支払利息
利益	50〜60%	

第11章

目標を達成する方法

11　1年間の計画を立てる

美容院だけではなく、どのビジネスにおいても行き当たりばったりの経営では、儲かる店にすることはできません。儲かる店にするには最低でも1年先に起こりうることを予測しながら、今後お店は「どのような集客方法を取るべきか」「どのような企画やキャンペーンをすべきか」を事前に想定することが大切になります。

>>>> 1年間の「計画」を立案する

簡単な1年の計画を立てるには、まずざっくりと、①年間の売上高・月別の売上高を目標設定しましょう。次に、より具体的に②「誰が・いつ・何をすべきか」を月ごとにまとめたものを作ります。この具体的なものを行動計画（アクションプラン）といいます。

例えば、美容院には季節ごとのイベントがあります。1月には成人式があるので、「Aさんが10月からチラシを作成」「店長が11月にチラシの印刷発注」「全スタッフで12月から成人式チラシをお客様に配布」というように、ある企画に対して前もってどのような準備をするのかを月ごとにまとめます。事前に動くべきことを計画しておけば、その都度今月は何をすべきかを考える必要がなくなりますし、何より行き当たりばったりの経営をしなくて済みます。また事前に行動プランを全スタッフで共有しておくことで、行動に対する責任の所在も明らかになります。

>>>> 数値を上げるのは全て行動から始まる

売上や利益を上げるのは、全ては行動することから始まります。行動しない限り戦略的かつ継続的に売上を上げることは難しいのです。儲かる店にするためには、儲かるための根拠を作ることが大切です。そのためにどのような行動をすべきか、1年の計画をじっくりと立ててみましょう。

経営計画を体系的にとらえる

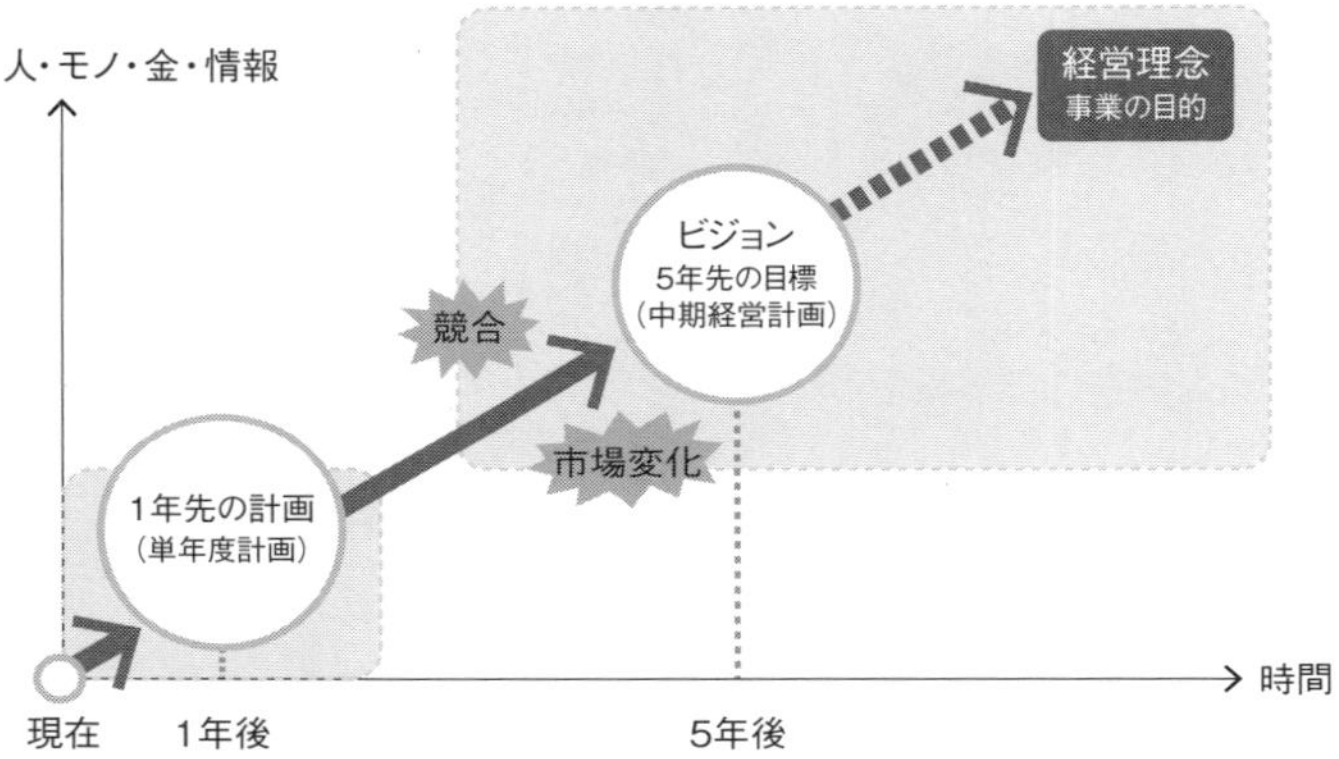

※お店の存在意義や目的（経営理念）、5年先にどうなっていたいか（ビジョン）をイメージしながら、1年先の計画を立案します。

簡単な1年先の計画の立て方（アクションプランシートの活用）

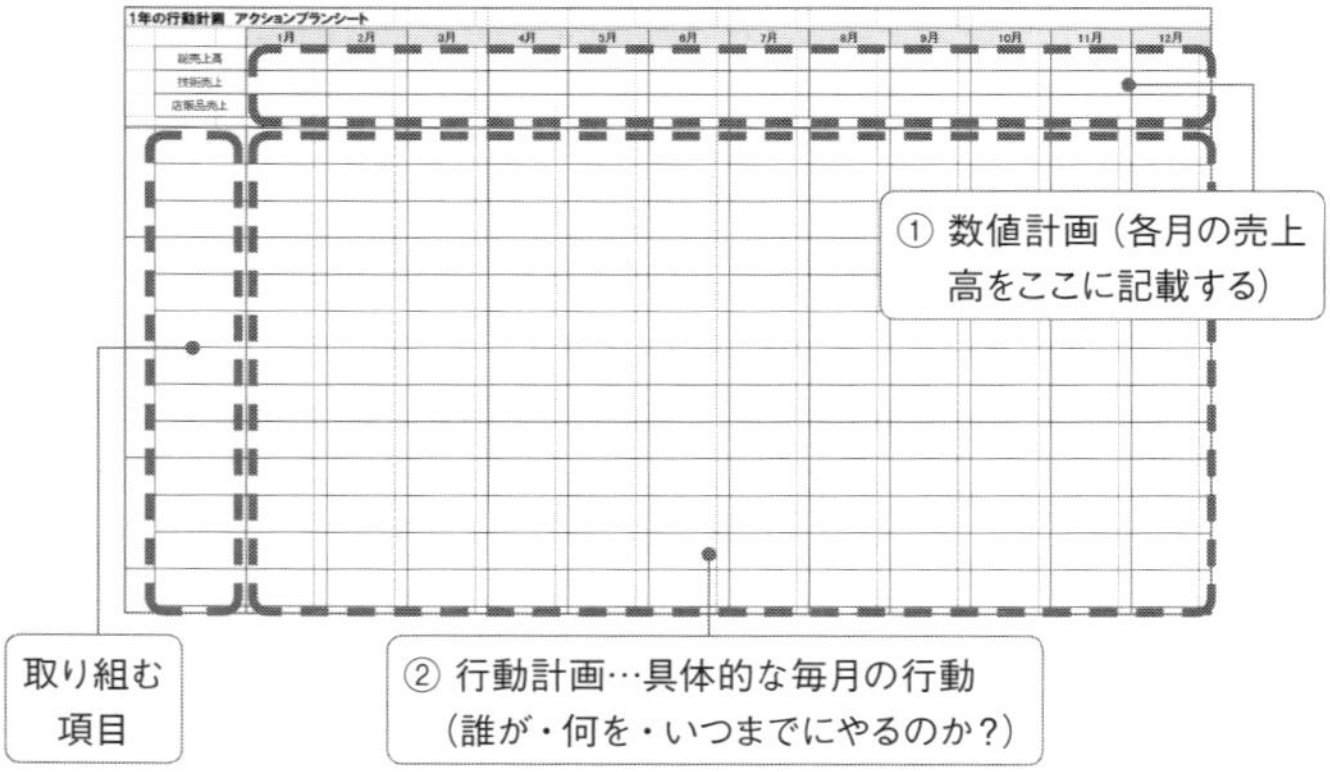

※具体例は203ページを参照してください。

2 具体的な行動計画の立て方

前述したとおり、計画は「①数値計画」「②行動計画」を立てます。ここではより具体的な行動計画の立案方法をお伝えします。

>>>> 行動計画は3つの大きな項目ごとに考える

行動計画を立てるために、大きく3つの項目で分けて検討するといいでしょう。「①既存客を再来店させる取り組み」「②新規客を集客する取り組み」そして「③客単価を上げる取り組み」の3つです。さらに、その項目ごとに行動を細かく見ていきます。例えば「①既存客を再来店させる取り組み」には「サンキューレター」や「ニュースレター」「次回予約をとってもらう」などです。この本は①〜③の取り組みごとに章が構成されていますので、目次などを参照しながら検討してみてください。

①「既存客を再来店させる取り組み」の計画

サンキューレターやニュースレターなどの販促は、基本的に2カ月に1回など頻繁に取り組むように計画します。他店が新規集客を強化するのが、他地域からの転入者数の多い3・7・12月といわれます。このタイミングにお客様が離反しないような活動が重要です。既存客への販促活動は新規客集客の取り組みと比較して、低コストでできるものが多いです。柔軟で頻繁に取り組めるよう計画に盛り込みましょう。

②「新規客を集客する取り組み」の計画

折込チラシなど新規客への販促活動はお金がかかるものが多いです。それでも少なくとも「年2〜3回」は取り組むようにしましょう。特に繁忙期の3・7・12月は取り組みをするべきか必ず検討をしてください。ただ地域により人の動きは変わります。例えばその地域独自の祭りやイベントなどでも影響を受けます。その地域にあった集客方法を計画の時点で検討するようにしましょう。また、お店が既に繁盛店で手を打たずとも集客ができる時期があれば、その時期に集客活動を強化してしまうと、店が回らなくなる可能性があります。このような場合は反対に客数が落ち込む時期に新規集客を狙うのもコツです。

③「客単価を上げる取り組み」の計画

この取り組みで注意しなければいけないのは、客単価を上げることに抵抗のあるお客様がいることです。単純な値上げや頻繁に取り組みをしすぎると悪い印象を与えてしまう可能性もあります。特に低所得層がお客様の中心である場合は、客単価が上がると離反の直接的な原因になります。必ず自分のお店のお客様をイメージして、年間でどの程度取り組みをすべきかを計画しましょう。

>>>> 細かく行動計画を立てること

例えば「5月上旬に折込チラシを投入」という計画を立てたとします。この場合、逆算して「3月に業者と打ち合わせ、4月上旬にチラシを発注、4月末までにチラシ完成」という準備計画も必要になります。このように一つの販促活動に対していくつかの行動計画が必要になることがわかります。また「誰がやるのか」ということも必ず記載しておきましょう。行動計画は、準備の計画や、期日、責任の所在までも明確にしておくことで、確実に実行できるような状態を創り出すことが大切になります。

多くの経営者は夢ややりたいことは明確なのに実行に移していない人が非常に多いです。反対に成長しているお店は確実に自分の決めたことを実行しています。より細かく計画を立てて、ＰＤＣＡ（計画→実行→チェック→修正）を回し続けることが大切なのです。

簡単な1年先の計画の立て方
（アクションプランシートの活用）

	主な行動計画の一例
既存客を再来店させる取り組み	・感謝の手紙（サンキューレター）を出す ・ニュースレターを作成し郵送する ・スタンプカード&VIPカードを活用する ・次回予約を入れてもらう ・LINE@を活用する ・来ていない客へDMを郵送する
新規客を集客する取り組み	・紹介カードを作って配布する ・クチコミを狙って店案内を作成する ・外観、看板を見直す ・フリーペーパーを活用して集客する ・ホットペッパーを活用して集客する ・折込チラシで集客する ・ポスティングで集客する ・ホームページを作成して活用する
客単価を上げる取り組み	・新メニューを立案する ・店販品を売る ・セット売りを検討する ・店内POPを作成し誘導する ・カード決済を導入する

具体的なアクションプランシートの活用事例

単年度計画(販促計画) アクションプランシート

	平成31年	1月		2月		3月		4月		5月	
	総売上高	2,650,000		2,150,000		2,250,000		2,350,000		2,650,000	
	技術売上高	2,500,000		2,000,000		2,100,000		2,200,000		2,500,000	
	店販品売上高	150,000		150,000		150,000		150,000		150,000	
再来店の取組	サンキューレター			サンキューレターたたき台作成・制作依頼	店長	修正期間	店長	毎月20日新規客に郵送	全員	毎月20日新規客に郵送	全員
	ニュースレター			ニュースレター構成検討	店長	年間の担当者決め	店長			ニュースレター郵送開始	
	来てない客へDM	5日までに作成し20日に発送	木村								
新規客の集客	紹介カード			紹介カードたたき台作成・制作依頼	店長	修正期間	店長	4/1より紹介カード配布開始			
	折り込みチラシ	業者と打ち合わせ	木村	修正と15日までにチラシ発注し完成	木村	上旬チラシ投入	業者			業者と打ち合わせ	木村
	ホームページリニューアル							既存ホームページ見直し会議	全員	修正したい箇所まとめる	鈴木
客単価アップ	新メニュー									新メニュー内容検討	店長
	店販品強化			春のキャンペーン検討	店長	POP作成	鈴木	●●製品キャンペーン（購入してくれ			

ヘアサロン ○○○○○　作成日H30.12.22

6月		7月		8月		9月		10月		11月		12月	
2,250,000		2,150,000		2,650,000		2,150,000		2,150,000		2,250,000		2,350,000	
2,100,000		2,000,000		2,500,000		2,000,000		2,000,000		2,100,000		2,200,000	
150,000		150,000		150,000		150,000		150,000		150,000		150,000	
毎月20日新規客に郵送	全員	毎月20日新規客に郵送	全員	毎月20日新規客に郵送	全員	毎月20日新規客に郵送	全員	毎月20日新規客に郵送	全員	毎月20日新規客に郵送	全員	毎月20日新規客に郵送	全員
原稿作成	鈴木	毎月20日に郵送	鈴木	原稿作成	鈴木	毎月20日に郵送	鈴木	原稿作成	鈴木	毎月20日に郵送	鈴木	原稿作成	鈴木
		5日までに作成し20日に発送	木村									5日までに作成し20日に発送	木村
修正と15日までにチラシ発注し完成	木村	上旬チラシ投入	業者					業者と打ち合わせ	木村	修正と15日までにチラシ発注し完成	木村	上旬チラシ投入	業者
業者選定	全員	業者との打ち合わせ	鈴木	新ホームページ作成			業者	修正期間	全員	ホームページリニューアル			
会議で検討内容・導入時期	全員			メニュー表作成	木村	メニュー表修正				新メニュースタート			
たら●引き）				冬のキャンペーン検討	店長	POP作成	鈴木	●●製品キャンペーン（購入してくれたら●引き）					

3 PDCAサイクルで確実に目標を達成する

前述したように、儲かる美容院にするためには、儲かるように毎月の行動計画を事前に立案しておくことが大切です。しかし、それ以上に大切なことは立案した行動計画を「確実に実行する」ことにあります。

>>> 行動計画は毎月必ず実行したかチェック

一生懸命考えて計画を立てても、実行しなければ全く意味がありません。そのため計画通り行動したかどうか、毎月必ず責任者がチェックするようにします。チェックの方法は、毎月の「会議」の中で必ず議題として上げるようにして、行動をしていないスタッフには厳しく指導するように努めます。毎月会議を実施していないお店は、行動計画を達成させるために、まず1時間でも会議を実施するようにしましょう。

>>> 計画を修正し、次の行動を確認

行動計画を予定通り実行したのであれば、どのような結果になったのか会議参加者と共

有して、計画の修正が必要であれば行動計画を修正します。あくまで計画ですから、予定通りいかないことも多々あります。その都度修正して確実にゴールまで近づくことが大切です。また修正後は次月までに各自がどのような行動をすべきかを確認し合いましょう。

>>>> 計画→実行→チェック→修正

行動計画で大切なことは、ゴールへ達成するために、計画→実行→チェック→修正というサイクルを回すことです。このサイクルをＰＤＣＡサイクルといい、実は多くの中小企業や美容院が苦手としていることです。このような体質を作るために、毎月意識をしてこの仕組みを取り入れることを重要視していきましょう。（２２９ページ事例参照）

毎月会議を行って、計画通り行動したかを
確認し合うことが大切

少人数でも、お互いにチェックし合うことが大切

PDCAを続けることで目標が達成できる

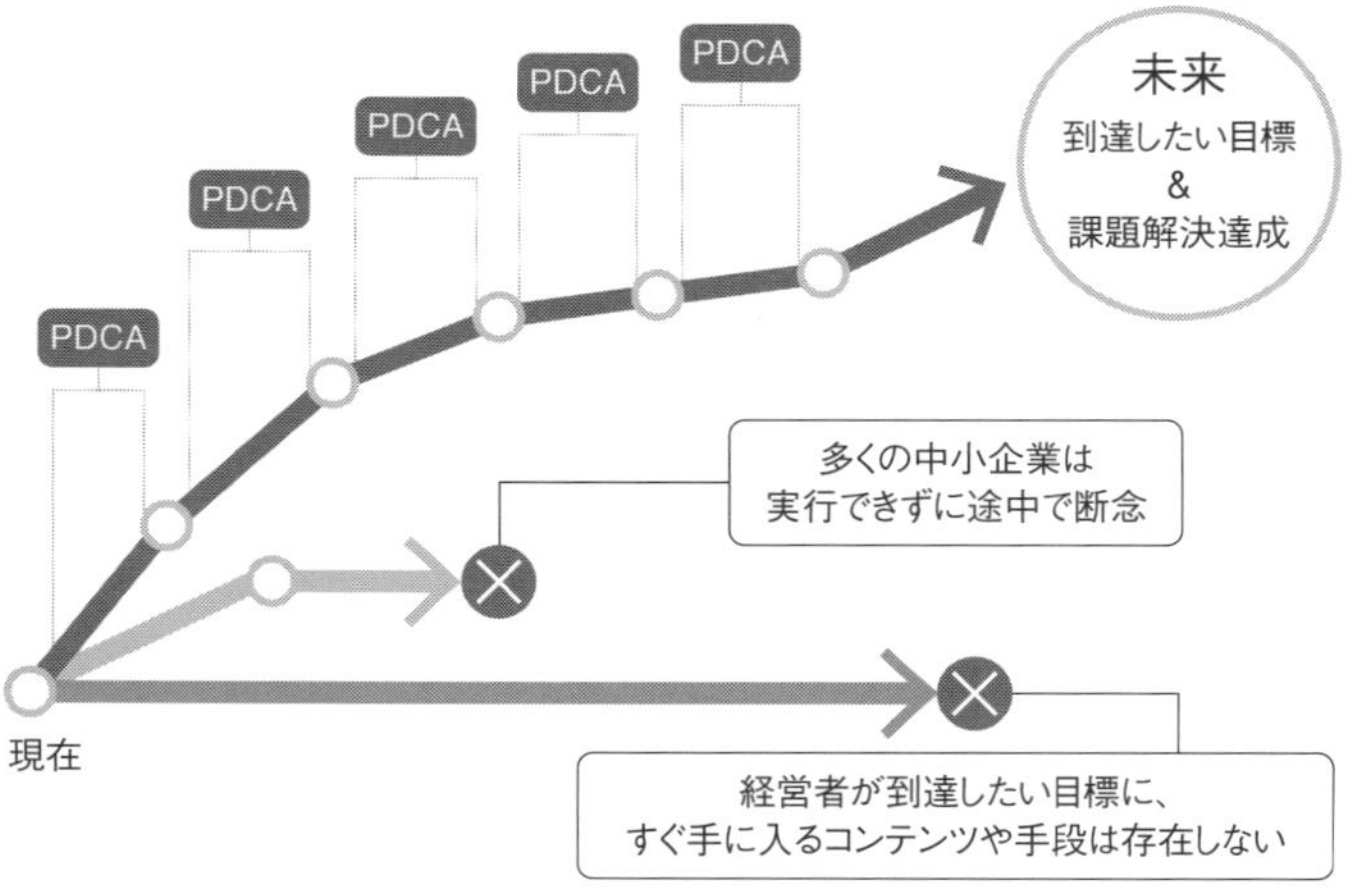

4 個人ごとの売上目標を設定させる

スタッフを雇った場合は、スタッフごとに売上目標を掲げるようにしましょう。儲かっている美容院は、必ずと言っていいほど売上目標が明確になっています。

>>>> 個人目標の設定方法

個人目標の設定方法は、「①店の年間売上目標から各スタッフの目標売上へ配分する方法」「②各スタッフの人件費×2倍で設定する方法」があります。この①～②の数値を目安にスタッフ自身で設定してもらうようにしましょう。個々の能力もあるので一律に同じ目標金額を設定するのはなるべく避けた方がいいでしょう。②は給料が基本となるため、スタッフ自身も目標値に関心を持ちやすいですが、公表する際に給料が他者にばれてしまうため注意しましょう。2倍である理由は美容院の人件費率は売上高の50％だからです（193ページ参照）。

>>>> 目標値を分解していく

「目標毎月○○万円！」と掲げても、具体的にスタッフが何をするのか明確になっていないと、目標は達成できません。年間の個人別売上目標を設定したら、営業日数で割り算をして「1日あたりの目標売上」まで落とし込みましょう。その後は、各スタッフ自身が稼げる平均客単価で割ることで「1日に必要なお客様の数」が出ます。

>>>> 行動計画も明確化していく

各スタッフの細かい目標設定をしたら、その目標を達成するために、毎月どのような行動をしなければいけないのか、その根拠となる「行動目標」も立案させるようにしましょう。このように目標を数値から行動へと分解させることで、目標達成した理由・達成しなかった理由を明確化させることが可能となります。

それぞれの目標を掲げて下さい
ボクの目標は月々の売上額○○円です

5 個人目標を達成させる方法

各スタッフの目標は達成されなければ目標を立てた意味がありません。目標を設定するだけで達成されないことが続いたり、経営者が目標やその結果に対してフィードバックしなかったりすると、スタッフは経営者に対して「口だけ・どうせやらない人」というあきらめに近い心境になり、全体の士気が下がる原因になります。そこで個人の目標が達成されるよう経営者側がきちんとアプローチをする必要があります。

>>>> 目標設定はスタッフ・評価は経営者

前述したように、個人目標は自分で設定させます。目標に対する責任をスタッフに持たせるためです。反対にその目標達成に対する評価は必ずオーナーや経営者がします。この方法はＭＢＯという目標管理制度といわれる手法で、スタッフのやる気を引き出すための方法といわれています。フィードバックは必ず経営者が定期的に実行し、「目標売上は達成できたのか」「その結果を受けて来月はどのような行動をとるのか」など、前述したPDCAサイクルを社内で行うようにしましょう。

>>>> 達成グセ・達成する喜びを体感させる

目標を達成したスタッフは全員の前で褒めたたえ、評価するようにしましょう。達成することの喜びを体感させることが大切です。達成する経験を積み上げて「達成グセ」をつけることは人材教育において非常に重要で、自分に自信の無いスタッフでも、まずは小さな目標を達成させられるようにフォローするようにしましょう。また、どのようにすれば目標達成できるのかなど、他のスタッフとやり方や情報を共有する時間を設け、店全体が目標を達成する空気を作り出せるようにするといいでしょう。

経営者は必ず結果に対してフィードバックをする

達成グセをつける
（目標を達成しないことに慣れさせないこと）

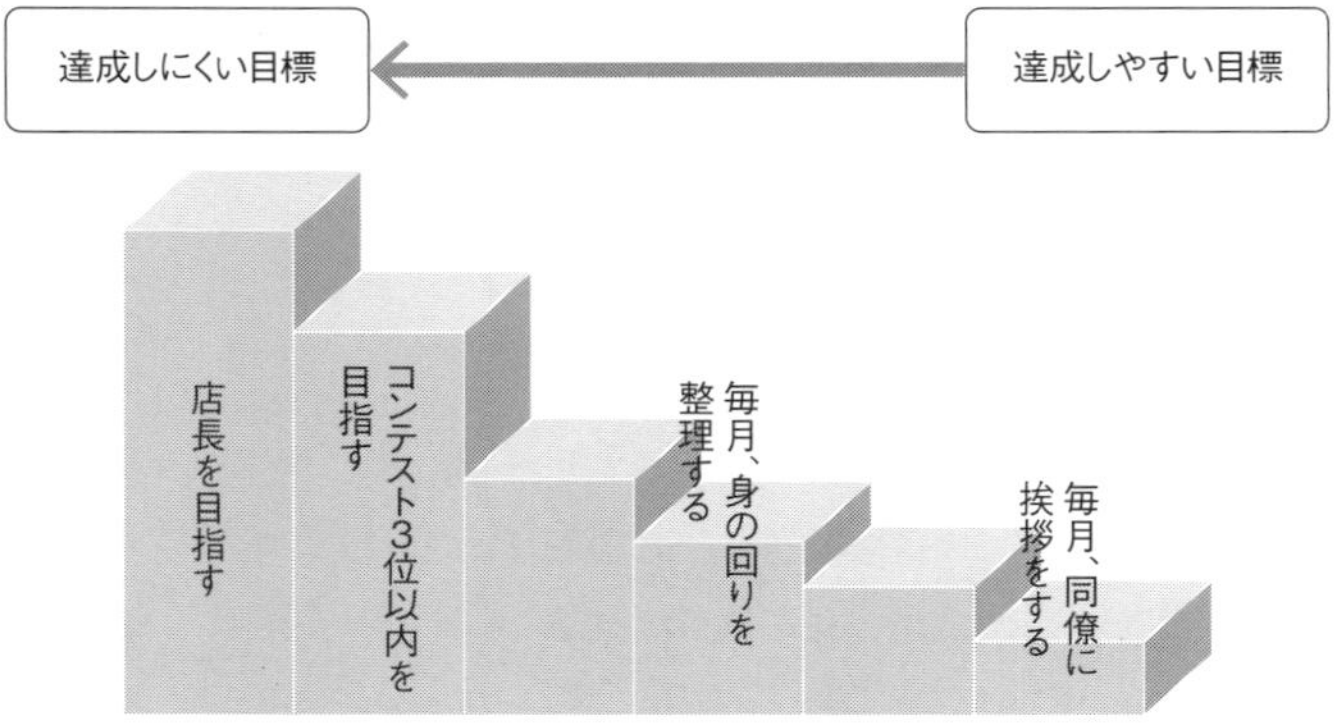

達成する喜びや大切さを段階的に学んでもらうことでクセづける

第12章

お店を成長させる方法

1 店の成長に欠かせないマニュアル

>>>> 規模が大きくなるほどバラツキが発生

開業したての頃は「経営者の考えや方法＝お店のルール」で、少人数のスタッフを雇っても、その考え方や方法は浸透するものです。しかし事業規模が大きくなると、そのルールは浸透しづらくなり、何がお店として正しい考え方や方法なのか、人によってバラツキが発生します。これは多店舗化する上でも重要な視点で、「お店の統一ルール」が「明確化・明文化」されていないと、お客様に対するサービスの質の低下につながり、お店の成長を阻害します。そこで重要になるのが「マニュアル」です。マニュアルには次のような効果があります。

マニュアルの効果

① 教育内容の標準化

②教育される側の安心感
③サービスの均一化

①「教育内容の標準化」とは、教える内容を統一させ、ある一定の基準を作ることでバラツキを防ぐことです。基準がない場合には、教える人の主観によって何を教えるべきか・どう教えるべきかが変わってきてしまいます。結果的に人によって異なったサービスを提供しかねません。マニュアルはそれを防ぐ効果があります。

②人口が減少する今日においては、いかに社員を退職させないかが重要になります。マニュアルはそのお店の教育体制が整備されていることを表しており、スタッフを採用する際にも強みとして活きてきます。

③サービスのバラツキはお客様の不満を生み、離反につながる可能性がありますが、マニュアルにより均一化させることで安定したサービスの提供を持続できます。最低限お店として統一すべきところはマニュアルで設定し、お店とお客様が長期にわたって信頼を得ることができるような状態を作ることが大切です。

技術
マニュアル
接客
マニュアル
行き届いたサービスを提供できるのよ
うんうん
納得!
安心して接客もできるわ

2 よいマニュアルの作り方

ここでは具体的にどのようなマニュアルを作成すべきかを説明します。作成すべきマニュアルは「①技術マニュアル」「②接客マニュアル」「③その他マニュアル」です。

① 技術マニュアル

技術マニュアルは、シャンプー・カット・カラーリングなどお客様に施術する上で、お店の技術を統一させるためのものです。時間が経過すると自己流の技術になることがありますが、それを防ぎサービスを均一化させる役割があります。

② 接客マニュアル

接客マニュアルは、来店してから退店するまでの一連の接客をマニュアル化します。「来店時は全員でお客様の方向を向いていらっしゃいませ」「シャンプー時は失礼します」など、定番のものは必ず盛り込みます。またカットの最中の会話の方法などもお店の方針として決まっていればマニュアル化します。接客を含めコミュニケーションも重要なサービスです。ただ注意として、マニュアルはあくまで基本であり、お客様の求める接客は「心のこもったおもてなし」であることを忘れないようにスタッフに浸透させましょう。

③その他マニュアル

業務マニュアルは、①②以外の業務に対するマニュアルと考えてください。「出社後のオペレーション」「予約電話の対応方法」「退社時の方法」などを統一させます。このような作業標準化はスタッフの無駄な動きを排除し、より効率的で生産性の高い組織を生み出すことが可能となります。一方で、全てをマニュアル化せずに個人の裁量に任せる業務もあってもいいかと思います。その辺りはお店の個性が出やすいところですので作成の際に十分に検討してみましょう。

>>>具体的なマニュアルの作成方法

①まず、幹部スタッフでマニュアルを作る時間を設けることから始まります。マニュアルは経営者が独自で作るよりも、スタッフ同士で話し合って作成することがいいでしょう。

②次にカテゴリごとに細分化し幹部スタッフでマニュアル作成をします。例えば、「技術マニュアル」↓「カット」↓「ショートボブ」の方法をマニュアル化させるという具合です。綺麗に作るというよりは「手順」「勘所やニュアンス」を箇条書きで書くことを意

識しましょう。細分化していくと、多くのマニュアルを作成する必要がありますが、毎月作成する時間を決めて取り組みましょう。

③作成したマニュアルを店に1冊だけ用意し、半年間実施します。その間マニュアルに修正があれば、その1冊のマニュアルに各々が書き込むようにします。1人1冊ずつではなく、お店に1冊にすることで他人が書き加えたことを見ることができます。そこからまた新たなやり方が生まれる可能性があるので、お店に1冊にしておくことがポイントです。

④実施したマニュアルを修正します。半年後のマニュアルは書き込みがしてある状態なので、書き込みにそった議論をして再度マニュアルを作り直します。

このような①～④の取り組みを繰り返して作成をしていきます。

マニュアルは決まりきった方法で堅苦しい印象を持つスタッフもいると思います。しかしマニュアルがある組織ほど、サービス均一化が実現され、生産性の高い美容院の成長が可能となります。最低でも技術マニュアルと接客マニュアルは作成するようにしましょう。

マニュアルが守られているかのチェックリストの例

施術前　接客

1 □ お客様の来店時の挨拶を大きな明るい声でかけられているか
2 □ お客様を待たせることなく受付し、施術席へ案内できたか
3 □ お客様に好印象をもたれる自己紹介ができたか
4 □ アンケートを滞りなく記入していただけたか
5 □ アンケートの記入結果に対して確認できたか
6 □ コース、施術時間、料金の案内ができたか
7 □ 施術前にお客様にわからないことがないかの確認を行ったか

施術中　接客

8 □ お客様の髪の長さ・状態を確認したか
9 □ お客様の悩み、生活習慣の特徴を確認したか
10 □ お客様が求めているヘアスタイルを汲んだうえで施術にとりかかったか
11 □ 新しい提案をしたうえで施術にとりかかれているか
12 □ 暑さ・寒さに気をつかいながら施術できているか
13 □ お客様の見える場所は特に清潔に保てているか
14 □ 過度に話し過ぎていないか、つまらなそうにしていないか
15 □ 席を離れる際に声をかけることができているか
16 □ 施術の内容をアナウンスできているか
17 □ シャンプーやワックスの良さをアピールできているか

技術

18 □ 器具を皮膚にあてずにかけられているか
19 □ お客様に爪があたっていないか
20 □ アルミの巻きが適切に行えているか

マニュアル作成のフロー

① 幹部スタッフでマニュアルを作成する時間を作る

② カテゴリごとに細分化し、
スタッフとともにマニュアルを作成する
(例)あいさつ、清掃、整理、接客、技術...etc

③ 実際にマニュアル通りに実践してみる

④ 実践した経験をもとにマニュアルを見直し修正する

⑤ ③と④を反復する

付 録

美容院開業・経営成功事例集

p.026
該当

特殊ヘアに特化したコンセプトで集客に成功している事例

エモア ● 愛知県岡崎市

エモアは、特殊ヘア（ドレッドやバリカンアートなど）をコンセプトとして他店との差別化を図っている。一般的な美容院の場合、商圏は美容院の周辺地域になることが多いが、他店がやっていない独自コンセプトを打ち出すことで、ターゲット顧客を明確化させ、県外からの集客にも成功している。

---

p.051
該当

求職者向けの案内を作成。理念に共感した人材を採用した事例

㈲ヘアースタイリングショップ ロエン
● 愛知県豊田市

ロエンはお店の理念に共感した人材を採用する目的で「コンセプト」「理念」「現在働いているスタッフの声」「キャリアパス」「採用後の教育制度」などを掲載した求職者向けのお店案内を作成。求職者に広くお店を認知させることができる一方で、理念に共感した人材だけを採用対象とすることが可能となった。就職説明会でも活用できるためこのような案内は有効である。

p.059
該当

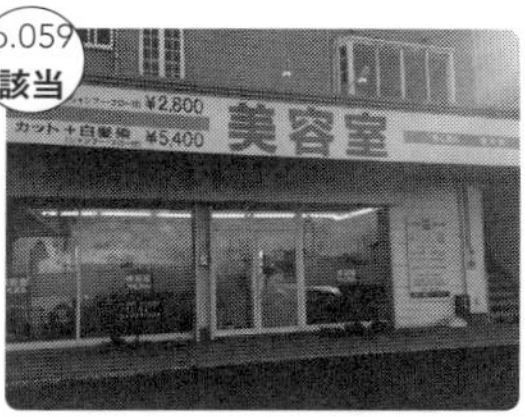

店のコンセプトに合わせてターゲットを絞った求人方法の事例

㈱ ROROKO ● 愛知県豊田市

13店舗の多店舗化展開する㈱ROROKOは、ストアコンセプトに合わせた求人活動で成果を出している。例えば、主婦を狙う場合は「日曜休み」「勤務時間9時～17時」というように欲しい人材に適した条件で求人活動をすることに意識を置いている。採用のコツは「最初から選びすぎないこと。選ぶよりも経営者がどう人材教育できるかがポイント」だと話している。

---

p.086
該当

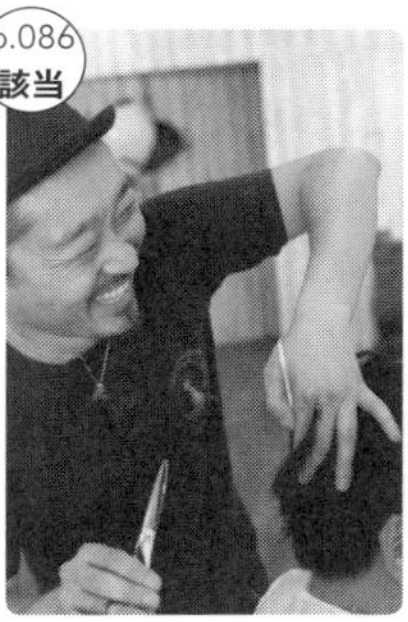

伝わりにくいサービスをホームページで詳細説明している事例

santeria ● 愛知県常滑市

サンテリアは「フレンチカットグラン」というクセ毛を抑える独自技術を提供し差別化を図っている。しかしフレンチカットというネーミングだけではお客様に価値が伝わりにくいため、詳細説明をホームページに掲載し、独自技術を見える化させることでわかりやすく伝える工夫をしている。この取り組みは独自技術やオリジナルサービスを提供する際に手本となる事例である。

---

p.116
該当

新規客にサンキューレターを送っている事例

veranda ● 愛知県安城市

ベランダは新規客には必ずサンキューレターを送っている。郵便ハガキに手書きの絵柄・スタッフからのコメントを記載し、来店日の翌日までに新規客へ郵送するようにしている。コメントは150字程度で、来店いただいた感謝の気持ちと、施術したヘアスタイル・カラーリングなどについて記載し、簡単なアドバイスがあれば添えるようにしている。

p.120
該当

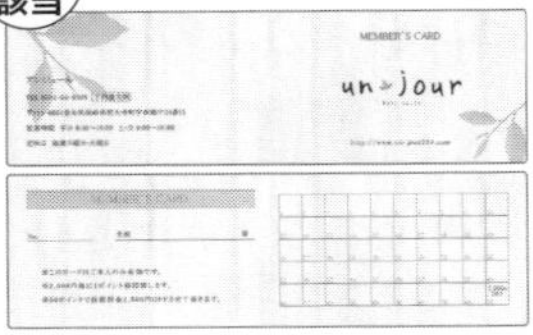

スタンプカードの導入を顧客満足につなげている事例

un-jour ● 愛知県岡崎市

アンジュールでは来店してくれる顧客全員に不平等無くサービスを提供できるよう心がけている。そのため集客を目的とした新規客への料金引き下げは一切行っていない。一方よく来店してくれている顧客に関しては、感謝の気持ちを込めてスタンプカードがたまったら値引きをするようにしている。来店頻度の高いお客様が不平等に感じないように工夫している取り組みである。

---

p.124
該当

会計時に次回予約を取って先の売上見込みを立てる事例

ei-hair ● 愛知県安城市

ei-hairはお客様の会計時に必ず次回予約を取ってもらうよう徹底している。「お客様の髪質やスタイルを考慮すると1カ月半後に来店されるのがベストですよ」というカウンセリング要素を含んだ提案で予約を促している。またお客様がいつも再来店までどのくらい期間をあけているかを伝えて、次回予約につなげるのも有効である。

---

p.127
該当

LINE@を活用しキャンセルの空き枠を回避する方法

John Russell ● 愛知県岡崎市

John Russellは来店時に次回予約を入れてもらうことで、先の売上見込みを立てる工夫をしている。一方で急なキャンセルで空きが出た場合は、LINE@を活用し「空いている時間帯」をタイムリーに顧客に配信している。すぐに髪を切りたいお客様と空き枠を埋めたい店側の要望が一致した、理・美容院では有効な取り組みといえる。

p.131
該当

離反の疑いのあるお客様にハガキ案内を郵送している事例

muni hair design ● 愛知県岡崎市

ムニはしばらく来店していないお客様に対してハガキの案内を送るようにしている。「また行ってみたい」と思わせるように特典やコメントをつけて再来店するよう促している。何度も送ると敬遠されてしまうので、1度送って来店しなかったお客様に関しては再度送らないようにしているが、周年記念など顧客全員に送るような案内は、離反客にも送るように心がけている。

---

p.138
該当

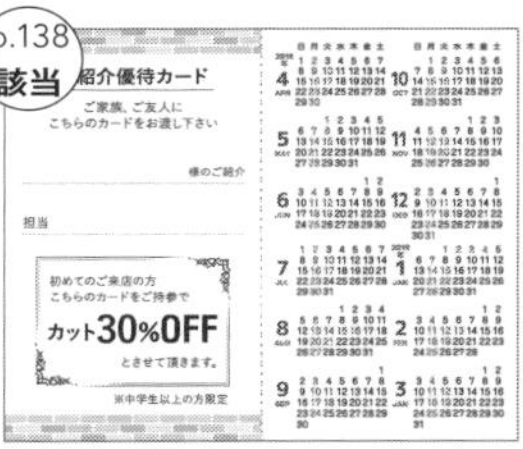

紹介カードが捨てられないように工夫している事例

㈲ヘアースタイリングショップ ロエン

● 愛知県豊田市

ロエンでは、既存顧客に紹介カードを渡すと捨てられてしまう可能性があるため、財布に保管できる「休日カレンダー」とセットにして捨てられない工夫をしている。紹介カードとカレンダーの境目はミシン目が付いており、折り曲げることで名刺サイズとなり、紹介カードを渡す場合は切り離して渡すことができる。この取り組みを開始し、ロエンでは新規集客に成果を出している。

---

p.139
該当

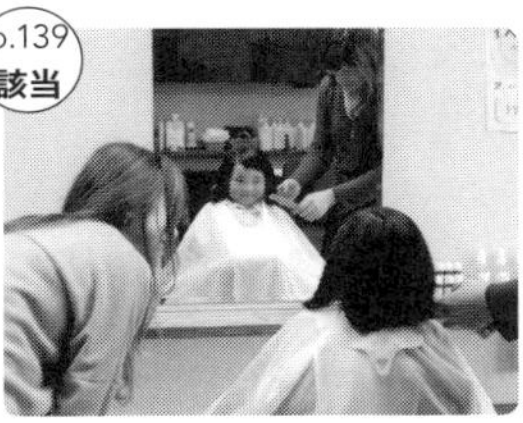

子育て中の母親応援企画がクチコミで広がった事例

LITTLE BEACH ● 愛知県岡崎市

リトルビーチは「子育て応援プロジェクト」として、母親か祖母と同伴した小学生以下のお子様1名のカットを無料で提供している。この独自の取り組みは小さい子供を持つ母親のクチコミで広がり、新規集客につながっている。子育てに追われる母親もキレイでいて欲しいという想いで始めた企画だが、思った以上にニーズがありクチコミ効果が発揮された取り組みとなった。

p.142 該当

Googleの360°ビューを活用している事例

hairlounge Frisca ● 愛知県豊田市

フリスカはGoogleの360°ビューを活用し、ネット上から店内・店外を360度一望できる工夫をしている。店内を歩いている感覚で見ることができるため、初来店のお客様は安心して来店することができる。また店外周辺も見ることができるため、駐車場位置も事前に把握することが可能となる。このようにGoogleの360°ビューは新規客への配慮に効果が出やすい機能といえる。

---

p.150 該当

クチコミの書き込みを集める方法

隠れ家美容院 雅 ● 愛知県安城市

雅はオーナー1人で経営している隠れ家的な美容院であるが、ホットペッパービューティーのクチコミ件数は200件を超え、一定のプロモーション効果を発揮している。来店客には「クチコミを投稿したら割引する」ことを伝え、着実にクチコミが蓄積されるよう工夫をしている。またクチコミには必ず返信し、投稿者へのフォローも欠かさず行うことで顧客との信頼関係を築いている。

---

p.153 該当

40～60代女性に絞った販促活動。折込チラシの活用事例

Summer Leaf ● 愛知県安城市

サマーリーフは折込チラシを活用した独自商品の拡販に取り組んでいる。同店は染毛時の「痛み・臭い・刺激」を緩和する天然成分配合の染毛剤を、40～60代の女性を狙って拡販を計画。ビフォアアフター写真を掲載したチラシを作成し、ターゲットが多い地域に配布。特定顧客層に狙いを定めることにより、訴求内容を明確化でき、効果の高い販促活動を行うことができている。

p.162
該当

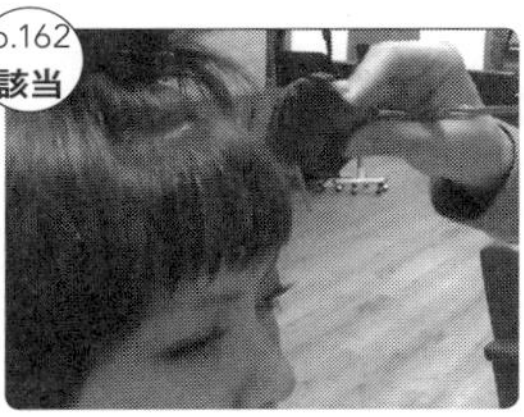

YouTubeを活用した集客方法

Anterieur ● 愛知県豊川市

アンテリアはカット風景を動画撮影しYouTubeにアップしている。動画はお店のブログにも掲載しブログを見た訪問者の目に止まる工夫をしている。カット風景を動画で見せることで見込み客の心理的なハードルを取り除き集客につなげている（既存客向けに髪の結い方や簡単なスタイリング方法などの動画をサイトにアップするのも固定客化させるための手段として有効である）。

---

p.171
該当

キャッシュバックとメーカー協力で成功している事例

㈱ ROROKO ● 愛知県豊田市

㈱ROROKOは、店販品が売れたら「スタッフへの販売価格の10％をキャッシュバック」するという取り組みで成果を出している。またボーナス時期の夏と冬はメーカー協力のもと、大量に商品をディスプレイして販売を強化している。商品は売れた分だけ仕入計上し、残った商品は返却する方式を採用しているため、在庫を抱えるリスクを抑える工夫もしている。

---

p.171
該当

顧客視点の丁寧なアドバイスで店販品の販売をしている事例

un-jour ● 愛知県岡崎市

アンジュールでは「安心・安全な薬剤」を使用した商品を販売している。顧客の悩みを改善できる商品を常に提案し、次回来店するまでの期間、自宅でも手入れが簡単にできるよう細かくアドバイスしている。営業意識で提案するのではなく、顧客のことを想い、少しでも悩みが解決できるよう懇親的なアドバイスをすることが結果的に商品の売上拡大につながっている。

p.175
該当

VIP コースのセットメニューで客単価を上げている事例

John Russell ● 愛知県岡崎市

John Russellは単なる「カット」などのメニューでなく、半個室のVIPコースを基本とし、プラチナム、ゴールドというネーミングのセットメニューで客単価を上げている。ネーミング・サービス内容・提供空間にプレミアム感という一貫性があり、ターゲットも会社経営者などである。美容院の差別化・マーケティングの手法として手本となる取り組みである。

---

p.176
該当

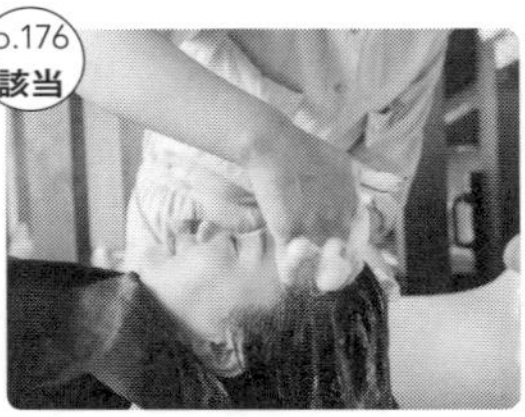

毎月ランキング形式で POP を作成している事例

A 美容院　※匿名 ● 愛知県名古屋市

A美容院では3カ月に1度「店販品ランキング」のPOPをスタッフが手作りで作成している。ランキングは今売りたい商品や在庫を無くしたい商品をうまく織り交ぜることで業績に貢献させる工夫をしている。この取り組みはランキング形式でお客様の購買意欲を高めるだけでなく、スタッフが手作りするため、店販品営業に対するスタッフの意識を高めることにも貢献している。

---

p.182
該当

来店頻度によって記念品の差別化をしている事例

un-jour ● 愛知県岡崎市

アンジュールは周年記念などのイベントを行う際、配布する記念品を店の利用頻度に合わせて差別化している。常連客や店販品を毎回購入してくれる顧客など、売上に貢献してくれる上位顧客には特別な記念品を贈るようにして「お客様を大切にしている」という気持ちをきちんと伝えている。この取り組みは顧客から大変喜ばれており、顧客との関係作りにも役立っている。

サービスを定量化させるために独自カルテを活用している事例

voyage ● 愛知県安城市

ボヤージュは独自で作成したカルテを活用している。例えば頭皮マッサージなどを行う際、マイクロスコープで頭皮の状態を施術前と施術後で定量的に評価し、それをカルテにデータとしてまとめている。サービスを「定量化=見える化」させることで他社との差別化を図り、そのためにカルテも独自のものを使用するという独自のビジネスモデルを構築している。

毎月の会議で行動計画をチェックする仕組みを導入した事例

㈲ヘアースタイリングショップ ロエン

● 愛知県豊田市

ロエンは自社の課題を「求人活動」「売上拡大」として、この課題を解決するために毎月具体的にどのような行動をすればよいか行動計画（アクションプラン）を立案。並行して毎月経営会議の中で、自身の決めた計画が実行できているか第三者にチェックしてもらう仕組みを導入。その成果もあり、確実に計画通りに行動することができ目標に近づいている。

おわりに

これからの美容院経営で大切なことは、「いかに他店と差別化し魅力的なお店を作るか」ということです。

第1章はコンセプトについて記載しましたが、これは差別化されたコンセプトこそが今後の美容院経営の基本となると考えているからです。近年、男性専用美容院、1000円カットなど専門性の高いお店が増えたように、成熟した業界では今後さらに美容院の専門化が進行すると考えられます。実際に専門性の高い差別化されたお店の方が儲かっているのが事実です。ご自身のお店が他店にないコンセプトがあり、魅力的なサービスが提供できているかどうか、今一度振り返ってみましょう。

本書の第6章以降は「販売促進」がメインに書かれていますが、販促活動も今後の美容院経営において重要な要素になってきます。例えば近隣に同じようなサービスを提供するお店が競合している場合、認知されていないお店よりも認知されているお店の方が有利となります。美容院業界は飽和してお店が混在していますが、認知させる上で重要な販売促進ができていないお店はとても多いです。だからこそ販売促進を強化することで相対的に違いを表現することができ、差別化を実現することが可能となります。一度本書をお読みいただいた方も、再度、巻末の成功事例などを参考にしながら活用してみてください。

さて、あとは行動できるかどうかです。しかし美容院経営者は自身が現場に立っているので、思ったように動けない方も多いのではないでしょうか。もし、読者の方がそのような状況にあるのなら、「外部に委託する」ことを検討してみてください。どのような状況にあれ、行動しないとお店の成長が無いのであれば、「確実に行動できる仕組み」を外部利用で作ればよいのです。実際に私たちが販促支援している美容院では、販促物を自分で考案・作成する必要がありません。毎日が現場に追われてしまわないように、月に1度私たちと今後の経営や求人活動、ITを利用した集客などについて検討する場を設けている美容院もあります。このように経営者自身が動かなくても、外部に経営企画室のような「行動できる仕組み」を作ることで、事業は少なくとも前進し続けることができます。

最後に、読者の方が今後ますます商売繁盛されますことを心から願っています。

2018年10月

税理士法人　森田経営　石橋欣和

会社紹介

税理士法人森田経営

愛知県を中心に展開する創業40年の税理士事務所。約800社の顧問先を抱え、理・美容院・飲食店・介護に特化した会計・経営支援を提供している。顧問先の黒字化を目指し、販促支援や経営計画策定、補助金申請支援なども行っている。

● 美容院専門ホームページ
http://morita-sp.com/
● 本書の内容に関するお問い合わせ先
E-mail：yishibashi@e-morita.jp

「儲《もう》かる美容院《びよういん》」開業《かいぎょう》・経営《けいえい》マニュアル

2018年11月29日　初版第1刷

著　者 ―― 石橋欣和《いしばしよしかず》・磯貝常太《いそがいじょうた》・阿部高士《あべたかし》
発行者 ―― 坂本桂一
発行所 ―― 現代書林
〒162-0053　東京都新宿区原町3-61　桂ビル
TEL／代表　03(3205)8384
振替00140-7-42905
http://www.gendaishorin.co.jp/
ブックデザイン ―― 須藤康子
カバー・本文中イラスト ― 中山成子
本文中図版 ―― 川原田眞生
DTP ―― 由比（島津デザイン事務所）

印刷・製本：広研印刷（株）
乱丁・落丁本はお取り替えいたします。

定価はカバーに
表示してあります。

ISBN978-4-7745-1733-9　C0034